青年学子们，

当你品读这本书的时候，

愿老子的哲思理趣伴你坚定地走好成长之路。

老子类编

简本

鲁谆 编著

大连理工大学出版社
DALIAN UNIVERSITY OF TECHNOLOGY PRESS

图书在版编目（CIP）数据

老子类编简本 / 鲁谆编著. -- 大连：大连理工大学出版社，2019.5
ISBN 978-7-5685-1982-3

Ⅰ.①老… Ⅱ.①鲁… Ⅲ.①道家 Ⅳ.①B223.1

中国版本图书馆CIP数据核字(2019)第092479号

老子类编简本

LAOZI LEIBIAN JIANBEN

大连理工大学出版社出版

地址：大连市软件园路80号　　邮政编码：116023

发行：0411-84708842　　邮购：0411-84708943　　传真：0411-84701466

E-mail:dutp@dutp.cn　　URL：http://www.dutp.dlut.edu.cn

辽宁星海彩色印刷有限公司印刷　　大连理工大学出版社发行

幅面尺寸：115mm×165mm　　印张：12.5　　字数：203千字

2019年5月第1版　　2019年5月第1次印刷

责任编辑：曹　阳　邵　青　　责任校对：陈　玫

装帧设计：Amber Design 琥珀视觉

ISBN 978-7-5685-1982-3　　定　价：48.00元

讓老子哲学融入校园文化

鲁谆

年華易逝情難老
遙視大工更輝煌

自題老照片

一九四九年九月自滬赴大連大學工學院讀書途經山海關與羅青二君留影六十四年後重睹不勝感慨

二零一三年七月作
二零一七年七月書

魯諄

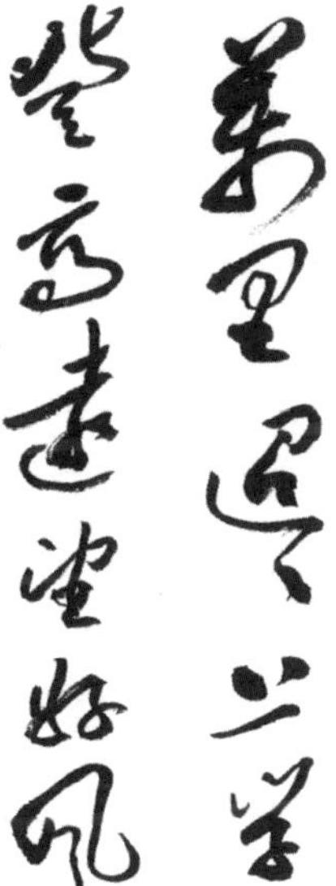

中为本书编著者——鲁谆

我的七十年大工[①]情缘——代序

说来也巧，这本小书出版，正赶上大连理工大学70周年校庆。书稿将付梓时，责任编辑来电话说，希望我写篇小传放在书前。我有些不解地答道，一般书只印作者简介。再来电表示，社领导研究后，还是要我以小传代序。仔细一想，值此全校师生回顾以往、满怀激情奔向未来之际，作为大工第一届学生，又在校工作过较长时间，谈谈70年来与母校的情缘，既是责任，也是报答，于是应承下来。

大连大学工学院（大连理工大学前身）1949年4月15日成立。9月29日，我从上海来大连，到一二九街校部报到。第三天（10月1日），毛主席在北京天安门，宣告中华人民共和国成立。我和全校师生一起，参加旅大市各界人民庆祝大会，会后游行。70年了！那激动、兴奋、欢呼的场景，历历在目。

我生于1930年冬，1948年暑期，读完重庆清华中学，考上金陵大学物理系。1949年5月上海解放，我决定重新报考大学。从上海《解放日报》上，看到大连

①大工，大连理工大学的简称。

大学介绍和招生通告，了解到这是中国共产党亲手创办的第一所正规理工科大学，位于解放较早的美丽海滨工业城市，又是全公费，还发冬夏制服，十分向往。

上海录取的三百多名学生，乘坐学校包的一列火车北上。我们这批少数“20后”、大部“30后”的青年，饱受抗日战争“十四年离乱”之苦，又历经国民党统治时期物价飞涨、民不聊生之灾，特别是亲见解放军进上海夜宿人行道、秋毫无犯的情景，都向往共产党，向往这所新型大学。那时，解放战争还在进行，国民党飞机仍不时轰炸，津浦铁路刚修复不久，车速很慢，车厢环境很差。入夜，同学们或席地而卧，或爬上行李架大睡，尽管艰苦，但热情高昂。“解放区的天，是明朗的天”等革命歌声，一路响彻车厢。

天津下车后，上了一条简陋轮船，解开行李卷，准备打地铺，乘船去大连。还没起锚，领队就招呼下船。原来学校来电报说，怕国民党飞机扫射轰炸，海上不安全。我们又住进一所中学，等火车。

车到山海关，由于全国经济未恢复，货币没统一，须把随身带的人民币换成东北币②，停车时间长。我和两位同学兴致勃勃，登上“天下第一关”城楼，合拍了

②东北币，1945 年开始发行，流通于东北解放区。

一张立等可取的快照。这是我成为大工人的第一张照片，非常珍视。2013年7月，大工宣传部和新闻中心的同志，来北京采访老校友。我找出这张已变黄的老照片，回想当年情景，不胜感慨，作了一首七绝小诗：

万里迢迢上学忙，登高远望好风光。

年华易逝情难尽，遥祝大工更辉煌。

到了普兰店，又停车许久，再把东北币换成关东币③。这样走走停停，从上海到大连，整整10天。

入学后，从新解放的上海、北京来的同学，先集中进行两个多月政治学习。大连大学校长、著名历史学家吕振羽，秘书长、曾留学苏联的老红军段玉明，工学院院长、留德博士、1940年到延安并参加创办自然科学院的屈伯川等，给我们作报告，讲中国革命，讲中共党史，讲形势任务。通过学习，大家明确了跟共产党走的政治方向，初步树立起革命人生观，满怀理想，追求进步。1949年11月，我加入中国共青团的前身——新民主主义青年团。

1950年，转入正常教学。应用化学系系主任、曾任清华大学化学系主任，后成为中国科学院院士的张大煜教授，给我们讲普通化学《绪论》。他厚积薄发，娓娓道来，第一堂课就吸引大家对化学专业的浓厚兴趣。不久，大

---

③ 1945年8月，苏联红军进驻中国旅大等地，为统一旅大地区的货币，发行关东币。

连大学分成独立的大连工学院、大连医学院、大连俄语专科学校。大工应用化学系随后改称化学工程系。分专业时，我选择了化工机械。同学们学习刻苦，生活简朴，互相鼓励，积极向上。当时最爱读的小说，是《钢铁是怎样炼成的》，纷纷背诵书中名句："人最宝贵的是生命，生命对于我们只有一次。一个人的生命应当这样度过：当他回首往事的时候，他不因虚度年华而悔恨，也不因碌碌无为而羞愧——这样，在临死的时候，他能够说：'我整个的生命和全部精力，都已献给世界上最壮丽的事业——为人类的解放而斗争。'"垂暮之年，回首往事，我没有什么突出贡献，可以于心稍安、告慰母校的是，我没有因虚度年华而悔恨，也没有因碌碌无为而羞愧。

1953年，全国统一规定高校开设中国革命史、马克思列宁主义基础、政治经济学三门课。为适应新教学计划，大工提前抽调一批学生，培养政治理论课教师，我是其中之一。1952年6月，我加入中国共产党，10月将升四年级时，服从组织调动，踏上工作岗位。

1954年2月，学校派送我到北京中共中央马克思列宁学院（现中央党校），在师资训练部政治经济学专业学习两年。郭大力（《资本论》中文版译者之一）讲政治经济学，杨献珍讲《实践论》，艾思奇讲《矛盾论》，胡绳讲中国近代史，这些著名专家，给我留下深刻印象。

1956年回大工，不久担任讲师、政治经济学教研室主任。1958年，几门政治课教研室合并成立马克思列宁主义教研室，我任副主任。1964年，校党委常委、宣传部长兼政教室主任丁仰炎调北京，由我主持教研室工作，后兼党委宣传部副部长。

妻子齐冬子，也是大工第一届学生，与我同班。强烈的事业心驱使，孩子出生才两个多月，她就含泪送往北京姥姥家抚养，后又自愿支援三线建设。我一人在大连，得以全身心投入工作。家住高尔基路时，常就近去天津街新华书店和古旧书店买书。除《马克思恩格斯全集》《列宁全集》等经典外，线装本《四书》《史记》，新版《二十四史》《资治通鉴》，以及唐诗宋词、书法字帖等，涉及较广。虽然读得不多、不深，但养成了爱好读书的习惯。"文化大革命"中，政治理论课受到冲击，我首当其冲。1971年复课，学校成立政教组，把我从庄河学农基地调回，任副组长。1972年5月，奉调离开大工。

在辽宁日报社任编辑期间，1976年到北京大学中文系新闻研究班学习一年，后借调编教材。1978年调光明日报社，1991年从副总编辑岗位退休。后曾任中华炎黄文化研究会常务副会长兼秘书长。20多年来，参加学术文化活动，编写传统文化书籍，乐在其中。

大工生活近23年，是我青春年华求知"问学"的最美好岁月，也是我人生路上奠基“明道”的最难忘岁月。转眼间，当年18岁求知学子，如今变成88岁耄耋老者，真有些李白诗句“朝如青丝暮成雪”的感慨。愈到晚年，感恩怀念母校之情愈浓。所幸离开大工47年来，联系从未中断。由于在北京校友会工作较久，大工领导和有关同志常来北京出差，我也有机会常回母校看看。每次到凌水校园，总爱漫步于当年参加种植的水杉树林，看看学校的新发展、新景象。我为大工与新中国同龄，同步前进，同样呈现想象不到的巨变，由衷高兴。

值此大工七十华诞，想起《论语》一段话。子曰：“吾十有五而志于学，三十而立，四十而不惑，五十而知天命，六十而耳顺，七十而从心所欲，不逾矩。”我理解，孔夫子所说“从心所欲，不逾矩”，是境界，是智慧。当今可解释为，有理想，敢追求，肯实干，勇创新，而又按规律，顺潮流，遵法律，守规矩，这样就能成大事。衷心希望并且相信，通过总结丰富办学经验，大工必将跨上“从心所欲，不逾矩”的新征程，满怀信心向世界一流大学迈进，为国家培养更多新时代又红又专人才，为实现中华民族伟大复兴的中国梦，作出新的更大贡献。

鲁谆

2019年4月

前言

本书是面向广大青年特别是大学生普及《老子》的读物。

《老子》，即《道德经》，春秋时期楚国人老聃所著，道家学派代表作。儒家学派代表作《论语》和《老子》，被认为是中国传统文化两部最主要的经典。

《老子》是中国古代哲学的高峰。贯穿其中的辩证思维，对中国历史文化发展产生了深远影响，是中国智慧的源头之一。

《老子》全书五千言，构成以“道”为核心的完整体系。由于2 000多年来，汉民族语言文字的演变，尤其是《老子》的一些独特概念和表述方式，今天读起来，会遇到不少困难。如何面对广大青年学生普及《老子》，是一个值得探索的问题。

为了让读者便于把握《老子》一书的概貌和精髓，本书将《老子》一书按其思想内容，分类编排。共分“道法自然”“无为而治”“柔弱处上”“见素抱朴”“上善若水”“上德若谷”“爱民治国”“为而不争”等二十篇。每篇汇集同一主题的有关章句，有的是全文，有的是摘录。对少数生僻字句，简要注释；对每一章句，都有今译。注释和今译，参考吸取了任继愈先生《老子绎读》、陈鼓应先生《老子今译今注》、楼宇烈先生《老子道德经注》等专著。

近几年来，我多次应邀回母校大连理工大学，与本科生、研究生有些接触。欣喜地看到作为一所理工科为主的研究型高等学校，文化氛围和人文精神相当浓厚，红色文化、社会主义新文化，以生动活泼形式和高科技手段，吸引着莘莘学子。许多同学对中华优秀传统文化十分热爱，有一种求知渴望。有的还在教师指导下，组成课余小组，学习国学经典。2017 年、2018 年，我两次参加化工与环境生命学部新生开学典礼，讲话中引用《论语》《孟子》语录，并以书法形式写出，引起大家关注和兴趣。漫步校园，刻有“上善若水”字样的石刻，常见有人摄影留念。我应约为《校友通讯》写的短文，附有“自胜者强”题字，年轻教师要求赠予。这都表明，青年师生不仅对儒家经典，而且对道家经典，也想多接触学习一点。我编著的《老子章句类编》（大连理工大学出版社，2018 年 2 月）、《论语名句类编》（文化艺术出版社，2018 年 11 月），即面向青年学生普及国学经典所作的尝试。

为便于携带，随手翻阅，在《老子章句类编》基础上，去掉书法，补充“有感”，采取“口袋书”开本，形成这本《老子类编简本》，为普及作进一步探索。

宋朝著名理学家朱熹，有一首诗脍炙人口：“半亩方塘一鉴开，天光云影共徘徊。问渠那得清如许？为有源头活水来。”（《观书有感》）多年前，我有幸应邀去福建武夷山，出席朱子文化节，并前往五夫镇朱熹故居瞻仰。故居前有一小小的方形池塘，朱熹常在塘边读书。塘水清澈明净，作为思想家、哲学家、教育家、诗人的朱子，从这平常事物中悟出哲理，联想到人的思想要灵活常新，就须像池塘有源源不断的活水注入一般，多读书，勤思考。

习近平在十九大报告中指出，对于中华优秀传统文化，要进行“创造性转化，创新性发展”，这为中国特色社会主义文化建设指明了方向。对于绵延不断的中华优秀传统文化，要有敬畏之心。要认真学习，深入领会，并与当今现实紧密结合，赋予时代精神，才能实现创造性转化和创新性发展。这也是普及国学经典的必由之路。老子哲学是抽象、深奥的，但毕竟源自生活，也应回到生活中去。“以正治国”“爱民治国”“治大国若烹小鲜”等思想表明，《老子》是告诫当政者如何治理国家的。大学生是栋梁之材、国家未来希望所在、社会主义建设事业接班人，掌握老子思想的精髓是理所当然的。老子智慧具有极大的普适性，对每个人的日常生活，包括学习工作、处世交友、克服困难、应对挫折，具有重要启迪作用。道家思想与儒家以及其他各家思想，既有别，又相通。《老子》中有些典故与其他典故的含义是一致或相近的。本书的“有感”，就是个人重读《老子》，联系青年学生校园生活，并适当采用“以典解典”方式，所写的简短感受和体会。

为便于读者领略五千言《老子》全貌，本书将全文照印，并附两篇索引。

《老子》一书，犹如智慧的海洋，博大精深。自知学习领会不深，不当之处，诚望指正。

鲁谆

2019 年 2 月

目录

一道任自然

有物混成，先天地生。寂兮寥兮，独立不改，周行而不殆，可以为天下母。吾不知其名，字之曰道，强为之名曰大。大曰逝，逝曰远，远曰反。

故道大，天大，地大，人亦大。域中有四大，而人居其一焉。

人法地，地法天，天法道，道法自然。

——第二十五章

〖今译〗

有一个浑然一体的东西，先于天地就已生成。它无声息无形体，独立存在永不停止，循环运行而生生不息，可以为天地万物之母。我不知道它的名字，称呼它为“道”，再勉强给它起个名叫做“大”。广大无边叫做流逝不息，流逝不息叫做伸展遥远，伸展遥远叫做返归本原。

所以，道大，天大，地大，人也大。宇宙间有四大，而人是其中之一。

人效法地，地效法天，天效法道，道效法它自己的自然而然。

〖有感〗

“道法自然”，是老子哲学的核心理念。本书将其作为第一篇的主题，并编入第一句。老子所说的“道”，即天地万物发展变化的规律，是不以人的意志为转移的。任何人做任何事，必须尊重、遵循规律。

道生一，一生二，二生三，三生万物。万物负阴而抱阳，冲气以为和。

人之所恶，唯孤、寡、不穀。而王公以为称。故，物或损之而益，或益之而损。人之所教，我亦教之："强梁者不得其死"，吾将以为教父。

——第四十二章

〖注释〗

“榖（gǔ）”，善。“不榖”，即不善。古代帝王自称“不榖”。

〖今译〗

道是混沌未开的统一体，统一体分裂为两个对立方面，对立两方面再生成新事物，新事物又不断产生千差万别的事物。万物背负阴而怀抱阳，阴阳二气在互相激荡中达到和谐。

人们所厌恶的，是孤独、寡单、不完善，而王公却自称“孤”、“寡”、“不榖”。所以，事物贬损有时反而增益，增益有时反而贬损。人们所教导我的，我也用来教导别人：“强横霸道的人不得好死”，我将以此作为教人的开篇。

〖有感〗

“一阴一阳之谓道”（《周易·系辞上》）与“万物负阴而抱阳，冲气以为和”皆指出，事物由阴阳（正负）两方面组成，对立面通过斗争达到统一，推动事物和谐发展。“一分为二”与“合二为一”是有机结合的。

对人，对己，都要看到长短、优劣两方面，避免片面性，才能和谐相处，共同前进。

道可道，非常道；名可名，非常名。

无，名天地之始；有，名万物之母。

故，常无，欲以观其妙；常有，欲以观其徼。

此两者同出而异名，同谓之玄。玄之又玄，众妙之门。

——第一章

〖注释〗

“道可道，非常道。”第一个“道”字，是通常所说的“道理”的意思；第二个“道”字，是“说”的意思；第三个“道”字，即老子哲学的最高范畴，指天地万物的根源、本体和规律。常，永恒。

“徼（jiǎo）”，边际，边缘，引申为终极的意思。

〖今译〗

道，可以说得出的，就不是永恒的道。名，可以叫得出的，就不是永恒的名。

无，是天地的本始；有，是万物的根源。

所以，常从无中去观察道的奥妙，从有中去观察道的终极。

这两者来源相同而名称相异，同样可以说是幽深的。幽深又幽深，一切奥妙的总门。

〖有感〗

“闲来无事不从容，睡觉东窗日已红。万物静观皆自得，四时佳兴与人同。道通天地有形外，思入风云变态中。富贵不淫贫贱乐，男儿到此是豪雄。”（程颢《秋日偶成》）通过静观，领悟天地万物、四时风云变化规律，能加强自身修养，做到富贵不淫、贫贱不移。

诗人将深奥的哲理寓于日常生活中，告诉人们，要善于观察事物，从中把握客观规律。

道冲而用之或不盈。渊兮，似万物之宗。挫其锐，解其纷，和其光，同其尘。湛兮，似或存。吾不知谁之子，象帝之先。

——第四章

〖注释〗

“冲（chōng）”，古字为“盅”，虚空的意思。

〖今译〗

道空不可见而用之不尽。渊深啊！好似万物的宗主。磨去锋芒，解脱纠纷，调和光亮，混同垢尘。幽隐啊！似亡而又实存。我不知道它来自何处，好像出现在天帝之先。

〖有感〗

战国时期法家代表人物韩非子，在解释《老子》时说：“道者，万物之所然也，万理之所稽也。”（《韩非子·解老》）道，是万物所以如此的原因，万理所以汇集的所在。又说：“万物各异理，而道尽稽万物之理。”（同上）万物各有不同的理，而道汇集了万物全部的理。这表明，万事万物既有其共同规律，又有其特殊规律。道（规律）既看不见，又摸不着，却实实在在不断发生作用。

学习知识也有它的规律。“功夫不负有心人。”青年学生只要刻苦努力，迎难而上，勤于思考，善于总结，就能逐渐掌握学习规律，提高学习效率，学有所成。

孔德之容，惟道是从。道之为物，惟恍惟惚。

惚兮恍兮，其中有象；恍兮惚兮，其中有物。

窈兮冥兮，其中有精；其精甚真，其中有信。

自古及今，其名不去，以阅众甫。

吾何以知众甫之状哉？以此。

——第二十一章

〖**注释**〗

“孔德之容，惟道是从。”“德”，是老子哲学的重要范畴。“道”是不可见的内在本体；“德”是可见的外在表现，完全依从“道”。孔，大；容，容貌、动态。

“众甫”，与“众父”同义，万物初始的意思。

〖**今译**〗

大“德”的容态，惟有“道”是其所遵从。“道”这个东西，恍恍惚惚！

它是那样恍惚啊！其中有它的迹象；它是那样恍惚啊！其中有它的实物。

它是那样悠深啊！其中有它的精气；它的精气很真实，其中有信验。

从古到今，它的名字不曾失去，依据它才能认识万物的初始。

我何以知道万物初始的情状呢？依据于此。

〖**有感**〗

《老子》即《道德经》，由《道经》和《德经》两大部分组成。“德者，道之功。”（《韩非子·解老》）德，是道的功效。无形的道，必须通过有形的物显现它的功能，这就是德。德即得。

道者，万物之奥。善人之宝，不善人之所保。

美言可以市尊，美行可以加人。人之不善，何弃之有？故立天子，置三公，虽有拱璧，以先驷马，不如坐进此道。

古之所以贵此道者何？不曰：以求得，有罪以免邪？故为天下贵。

——第六十二章

〖今译〗

道是万物深藏与奥妙的所在。它是善人的法宝，不善的人也要保住的。

美好言辞可以赢得尊重，美好行为可以增加身价。不善的人，怎能把道舍弃？所以，立位天子，设置三公，虽有拱璧在先、驷马随后的隆重礼仪，还不如进奉“道”。

古代为何如此珍贵这个道？岂不是说，有了道，有求可以得到，有罪过可以免除吗？所以被天下所重视。

〖有感〗

“行路难，行路难，多歧路，今安在。长风破浪会有时，直挂云帆济沧海。”（李白《行路难》）天宝三年，李白被权贵排挤、离开长安时写下这首诗，感叹人生道路的艰难险阻。但他并不消沉，坚信终会有一天，能够乘风破浪，扬帆跨海，到达理想的彼岸。

事在人为。尊重客观规律，绝非消极等待，无所作为，而是要积极进取，排除万难，充分发挥主观能动性。

太上，下知有之；其次，亲而誉之；其次，畏之；其次，侮之。信不足焉，有不信焉。

悠兮其贵言。功成事遂，百姓皆谓：“我自然。”

——第十七章

〖今译〗

最好的统治者，下面只知道有他的存在；次一等的，下面亲近而赞誉他；再次一等的，下面畏惧他；更次一等的，下面轻侮他。信誉不足，有人就不信任他。

（最好的统治者）悠然啊，珍贵自己的言说。事情办成功了，百姓都说："我们自然而然就是这样的。"

〖有感〗

子曰："言忠信，行笃敬，虽蛮貊之邦，行矣。言不忠信，行不笃敬，虽州里，行乎哉？"（《论语·卫灵公》）说话忠诚守信，行为踏实敬业，虽到了偏远异族地区，也能畅行无阻。说话不忠诚守信，行为不踏实敬业，虽在本土本乡，能畅行无阻吗？

少说多做，说话算数，才能取信于民。人民群众是真正的英雄。让百姓认识到，成功是他们按照规律办事的结果，这才是好的领导者。

希言自然。

故飘风不终朝，骤雨不终日。孰为此者？天地。天地尚不能久，而况于人乎？

故从事于道者，道者同于道，德者同于德，失者同于失。同于道者，道亦乐得之；同于德者，德亦乐得之；同于失者，失亦乐得之。

信不足焉，有不信焉。

——第二十三章

〖今译〗

少说话，是自然的。

所以，狂风刮不了一早晨，暴雨下不了一整天。谁使它这样的？天地。天地的狂暴尚且不能持久，何况人呢？

所以，从事于道的人明白，追求道的，和道在一起；追求德的，和德在一起；追求过失的，和过失在一起。赞同道的人，道也乐于得到他；赞同德的人，德也乐于得到他；赞同过失的人，过失也乐于得到他。

信誉不足，有人就不信任他。

〖有感〗

北宋大文豪苏轼，曾多次受贬，却泰然处之。《定风波》词，是他一生的生动写照。“莫听穿林打叶声，何妨吟啸且徐行。”狂风暴雨来临，照常一边吟唱诗句，一边缓步前行。“竹杖芒鞋轻胜马，谁怕？一蓑烟雨任平生。”手拄竹杖，脚穿草鞋，身披蓑衣，以步代马。风雨坎坷是短暂的，毫不可怕！过后，“山头斜照却相迎。”终将迎来灿烂阳光！

狂风暴雨都是短时间的。要经得起人生道路上摔打挫折的考验。

道生之，德畜之，物形之，势成之。是以万物莫不尊道而贵德。

道之尊，德之贵，夫莫之命而常自然。

故道生之，德畜之；长之育之，亭之毒之，养之覆之。

生而不有，为而不恃，长而不宰，是谓玄德。

——第五十一章

〖注释〗

“亭之毒之”，使其结果、使其成熟的意思。

〖今译〗

道生成万物，德蓄养万物，万物呈现各自的形态，环境使万物得以成长。所以，万物没有不尊崇道而珍贵德的。

道之所以被尊崇，德之所以被珍贵，并没有谁的命令，从来就是这样自然而然形成的。

所以，道生成万物，德蓄养万物；使万物成长发育，使万物成熟定型，使万物得到调养爱护。

生养万物而不据为己有，维护万物而不自恃有功，带领万物而不作主宰，这就叫做玄妙幽深的德。

其安易持，其未兆易谋；其脆易泮，其微易散。为之于未有，治之于未乱。

合抱之木，生于毫末；九层之台，起于累土；千里之行，始于足下。

为者败之，执者失之。是以，圣人无为，故无败；无执，故无失。

民之从事，常于几成而败之。慎终如始，则无败事。

是以圣人欲不欲，不贵难得之货；学不学，复众人之所过，以辅万物之自然，而不敢为。

——第六十四章

〖注释〗

“泮（pàn）”，分、散。

〖今译〗

事物稳定时容易维持，没有征兆时容易谋划；脆弱时容易破解，微小时容易散失。要把事办好于问题未发生前，要整治成功于祸乱未出现前。

合抱的大树，生长于微小的萌芽；九层的高台，筑起于泥土的累积；千里的远行，开始于脚下的迈步。

妄为者败事，把持者丧失。所以，有道的人不妄为，因此不败事；不把持，因此不丧失。

百姓做事，常在快成功时招致失败。慎重地面对终结如同开始时那样，就没有失败的事。

所以，有道的人欲求人所不欲求的，不珍贵难得的货品；学习人所不学习的，以补救众人的过错，辅助万物自然而然的发展，而不敢妄为。

〖有感〗

“慎终如始,则无败事。”中国共产党成立90多年来，始终坚持马克思主义指导思想，坚持共产主义理想信念，勇敢而又谨慎地探索并遵循中国革命、建设和改革的规律，为民族复兴、人民幸福而奋斗，百折不挠，前赴后继，终于取得今天举世瞩目的辉煌成就。

新时代的大学生,要树立远大理想和坚定信念。“行百里者半九十”。缺乏定力、耐力，半途而废，什么事也办不成。

二 太[illegible]记字

大道氾兮，其可左右。万物恃之而生而不辞，功成不名有。衣养万物而不为主，常无欲可名于小；万物归焉而不为主，可名为大。以其终不自为大，故能成其大。

——第三十四章

〖今译〗

大道像泛滥的河水一样，周流在身边左右。万物依靠它生存而不推辞，取得成功却不说是谁的功劳。养护万物而不自以为主宰，从来无所欲求可称渺小；万物归附而不自以为主宰，可称伟大。由于它始终不自以为伟大，所以能成其伟大。

〖有感〗

客观规律广大无边，无事不有，无时不在。

中国特色社会主义建设也有其客观规律。经过近70年来的艰苦探索，中国共产党领导中国人民，逐步深化对这一规律的认识，取得一个又一个辉煌成就。中国特色社会主义的道路自信、理论自信、制度自信、文化自信，正是建立在对这一规律深刻认识基础上的，因而越来越自觉，越来越坚定。

大道废，有仁义。
智慧出，有大伪。
六亲不和，有孝慈。
国家昏乱，有忠臣。

——第十八章

〖今译〗

大道废弛，才有仁义。

智慧出现，才有虚伪。

六亲不和，才有孝慈。

国家昏乱，才有忠臣。

〖有感〗

子曰："岁寒，然后知松柏之后凋也。"（《论语·子罕》）寒冬季节，才显出松柏是最后落叶的。民间常说："岁寒知松柏，患难见真情。""路遥知马力，日久见人心。"在危难时刻和经长期检验，才能看清一个人的理想信念和道德品质。

同样道理：经过战乱，才懂得和平的可贵；受过饥寒，才体会温饱的重要；遭遇过雾霾之苦，才感受蓝天之福。

使我介然有知，行于大道，唯施是畏。

大道甚夷，而民好径。朝甚除，田甚芜，仓甚虚；服文采，带利剑，厌饮食，财货有余，是谓盗夸。非道也哉！

——第五十三章

〖注释〗

施（yí），通“迤”，斜行，邪行。

夸（kuā），大，粗。

〖今译〗

假使我稍微有了认知，就沿着大道走去，唯恐步入邪路。

大道很平坦，而百姓好走捷径。朝政极度废弛，田园甚为荒芜，仓库十分空虚；服饰华丽，佩带利剑，饱足美食，贪得财货，这叫盗首。

这是对道的背离呀！

〖有感〗

沿着客观规律的康庄大道前进，警惕陷入任性妄为的斜路误区，才能避免遭受损失，顺利前进。

故道大，天大，地大，人亦大。域中有四大，而人居其一焉。

——第二十五章（摘录）

〖今译〗

所以，道大，天大，地大，人也大。宇宙间有四大，而人是其中之一。

〖有感〗

“大道之行也，天下为公，选贤与能，讲信修睦。故人不独亲其亲，不独子其子。使老有所终，壮有所用，幼有所长，矜、寡、孤、独、废疾者皆有所养。男有分，女有归。货恶其弃于地也，不必藏于己。力恶其不出于身也，不必为己。是故谋闭而不兴，盗窃乱贼而不作，故外户而不闭，是谓大同。”（《礼记·礼运篇》）

“天下大同”的理想，在中国自古以来就有深厚的文化底蕴。今天则建立在对社会发展规律自觉认识的基础上。

视之不见，名曰夷；听之不闻，名曰希；搏之不得，名曰微。此三者不可致诘，故混而为一。

其上不皦，其下不昧，绳绳不可名，复归于无物。是谓无状之状、无物之象，是谓惚恍。迎之不见其首，随之不见其后。

执古之道，以御今之有，能知古始，是谓道纪。

——第十四章

〖注释〗

绳（mín）绳，渺茫。

〖今译〗

看它看不见，名叫“夷”；听它听不到，名叫“希”；摸它摸不着，名叫“微”。这三者不可追根究底，是混沌一体的。

它的上面不明亮，它的下面不昏暗，渺渺茫茫没法叫它什么，又回归到无形无象的状态。这叫作没有相状的相状，没有物体的形象，这叫作“惚恍”。迎面看它，看不见它的前头。跟随看它，看不见它的后尾。

把握自古以来的道，以驾驭当今事物，能了解古时是如何开始的，叫作道的规律。

〖有感〗

唐太宗李世民，在魏徵死后，十分悲痛地说：“夫以铜为镜，可以正衣冠；以史为镜，可以知兴替；以人为镜，可以知得失。魏徵没，朕亡一镜矣！”（《旧唐书·魏徵传》）老子所说“执古之道，以御今之有”具有重要意义。当代大学生，不论选择什么专业，都要学点历史，懂得“以史为鉴”，走好人生路。

以道佐人主者，不以兵强天下。其事好还。师之所处，荆棘生焉；大军之后，必有凶年。

善有果而已，不敢以取强。果而勿矜，果而勿伐，果而勿骄，果而不得已，果而勿强。

物壮则老，是谓不道。不道早已。

——第三十章

〖今译〗

用道辅佐君主的人，不靠兵力逞强于天下。用兵一定会得到还报。军队所到之处，荆棘丛生；大战之后，必有荒年。

善战者达到目的就行了，不敢以兵力逞强。达到目的而不矜持，达到目的而不自夸，达到目的而不骄傲，达到目的而出于不得已，达到目的而不逞强。

事物强壮了就会衰老，这叫不符合道的规律。不符合道就会提早死亡。

天下皆谓我道大，似不肖。夫唯大，故似不肖。

若肖，久矣其细也夫！

——第六十七章（摘录）

〖今译〗

天下人都说我的道广大，似乎不像任何具体东西。正因为它广大，所以似乎不像任何具体东西。

若它像任何具体东西，它早就渺小了！

〖有感〗

近代学者王国维在《人间词话》中，用三位宋代大词人的名句，比喻“古今之成大事业、大学问者，罔不经过三种之境界。”

“昨夜西风凋碧树，独上高楼，望尽天涯路。”（晏殊《鹊踏枝》）第一境，求索中的孤独与寂寞。

“衣带渐宽终不悔，为伊消得人憔悴。”（柳永《蝶恋花》）第二境，无怨无悔的艰苦奉献。

“众里寻他千百度，蓦然回首，那人却在，灯火阑珊处。”（辛弃疾《青玉案》）第三境，意外成功的喜悦、欣慰。

三首词全是写爱情，论及为人、做事、治学的境界，也恰到好处。

三 有生于无

反者道之动，弱者道之用。

天下万物生于有，有生于无。

——第四十章

〖今译〗

返回，是道的运动；柔弱，是道的功用。

天下万物产生于“有”，“有”产生于“无”。

〖有感〗

循环往复是事物运动发展的规律性。人是从事物循环往复运行中认识客观规律的。

为人处世，要善于在“实践，认识，再实践，再认识”的循环往复过程中，悟出其中的道理。不断深化对事物规律性的认识，才能更好地成长、成熟起来。

无，名天地之始；有，名万物之母。

故，常无，欲以观其妙；常有，欲以观其徼。

此两者同出而异名。同谓之玄。玄之又玄，众妙之门。

——第一章（摘录）

〖注释〗

“徼（jiǎo）”，边际，边缘，引申为终极的意思。

〖今译〗

无，是天地的本始；有，是万物的根源。

所以，常从无中去观察道的奥妙，从有中去观察道的终极。

这两者来源相同而名称相异，同样可以说是幽深的。幽深又幽深，一切奥妙的总门。

〖有感〗

“吾生也有涯，而知也无涯。以有涯随无涯，殆已！”（《庄子·养生主》）人的生命是有限的，而知识是无限的。以有限的生命去追求无限的知识，就会疲惫不堪！

当今时代，科学技术突飞猛进，新的知识层出不穷，尤其如此。青年要懂得学习是一辈子的事情，永不懈怠，永不停步。同时要爱护生命，维护健康。

三十辐共一毂，当其无，有车之用。

埏埴以为器，当其无，有器之用。

凿户牖以为室，当其无，有室之用。

故有之以为利，无之以为用。

——第十一章

〖注释〗

“毂（gǔ）”，车轮中心装轴的部分。

“埏埴”。埏（shān），用水和土，和泥；埴（zhí），黏土。埏埴，和陶土做器皿。

“牖（yǒu）”，窗户。

〖今译〗

三十根辐汇集到一个车毂上，当车毂留着一无所有的空间（用来插轴），才有车的作用。

糅合陶土制成器皿，当器皿留着一无所有的空间，才有器皿的作用。

开凿门窗建造居室，当居室留着一无所有的空间，才有居室的作用。

所以，“有”给予便利，“无”发挥作用。

〖有感〗

碗有虚空，才能盛饭。房有虚空，才能住人。同样道理，心有虚空，才能进步。“满招损，谦受益，时乃天道。”（《尚书·大禹谟》）

因学习成绩名列前茅或工作业绩受到嘉奖，而沾沾自喜、骄傲自满，是短视的、愚蠢的，必将深受其害。

天下皆知美之为美，斯恶已；皆知善之为善，斯不善已。

故有无相生，难易相成，长短相形，高下相倾，音声相和，前后相随。

是以，圣人处无为之事，行不言之教；万物作焉而不为始，生而不有，为而不恃，功成而弗居。夫唯弗居，是以不去。

——第二章

〖今译〗

天下都知道美之所以为美，就有丑了；天下都知道善之所以为善，就有不善了。

所以，有与无互相生成，难与易互相促就，长与短互相显示，高与下互相呈现，音与声互相应和，前与后互相跟随。

因此，有道的人以不妄为的原则去处理事，以不言说的方法去教导人；万物运作而不加干预，生养万物而不据为己有，有所作为而不自恃己能，功业成就而不居功自傲。因为不居功自傲，所以功绩不会失去。

〖有感〗

真善美与假恶丑，互相依存，互相对立。

真，真诚，非虚假；善，善良，非邪恶；美，美好，非丑陋。真是善、美的基础，通过善、美体现。三者是统一的。

追求真善美，反对假恶丑，是中华民族优秀传统道德的理想境界，蕴含着深邃的哲理。真善美，要求知行合一。

四 天地相合

道常无名，朴虽小，天下莫能臣也。侯王若能守之，万物将自宾。

天地相合，以降甘露，民莫之令而自均。

始制有名。名亦既有，夫亦将知止。知止可以不殆。

譬道之在天下，犹川谷之于江海。

——第三十二章

〖今译〗

道永远是无名的，“朴”虽然小，天下没有能臣服它的。侯王若能守住它，万物将会自然服从。

天地间的阴阳之气相合，就降下甘露，人们不需下指令就自然均匀。

开始建制运作就有了各种名称，名称既然有了，也要知道适可而止。知道适可而止，可以不发生危险。

道存在于天下，犹如河川流向江海。

〖有感〗

庄子说：“天地者，万物之父母也，合则成体，散则成始。”（《庄子·达生》）天地是产生万物的根源，物质元素相结合便形成物体；相分离，便成为另一种物体形成的开始。又说：“天地与我并生，而万物与我为一。”（《庄子·齐物论》）。人与天地并生共存，与万物结成一体。

人与天地万物组成一个完美生态体系。每个人都要珍视、爱护这个生态体系。

天地不仁，以万物为刍狗；圣人不仁，以百姓为刍狗。

天地之间，其犹橐籥乎？虚而不屈，动而愈出。

多言数穷，不如守中。

——第五章

〖注释〗

“刍（chú）狗”：刍，喂牲口用的草。刍狗，草扎的用来祭祀的狗。

“橐（tuó）籥（yuè）”：橐，古口袋；籥，古乐器，形状像笛；橐籥，古代风箱。

〖今译〗

天地无所谓仁爱，把万物当作草扎成用来祭祀的狗，任其自然发展；有道的人无所谓仁爱，把百姓当作草扎成用来祭祀的狗，任其自然发展。

天地之间不就像风箱那样吗？空虚而不会穷竭，越使劲鼓动，出来的风越大。

言说多了，就会加速走向穷尽；不如持守适中。

〖有感〗

《周易·系辞下》云：“有天道焉，有人道焉，有地道焉，兼三才而两之，故六。”中国古代，把天、地、人称为“三才”，表明天、地、人各有其功能与价值。

人是万物之灵。人对于天地既要存有敬畏之心，又要在维护天地万物的和谐发展中，发挥其不可替代的主观能动作用。

谷神不死，是谓玄牝。玄牝之门，是谓天地根。绵绵若存，用之不勤。

——第六章

〖注释〗

“谷神”：谷，形容虚空；神，形容莫测的变化；谷神，也就是“道”。

“玄牝（pìn）”：牝，雌性，母性。玄牝，玄妙的母性。

〖今译〗

虚空是长生不死的，叫作玄妙的母性。玄妙的母性之门，是天地之根。它无形而又存在着，用之不尽。

〖有感〗

《黄帝内经》说：“人与天地相参也，与日月相应也。”人要按照天地日月、阴阳四时的运行规律，起居作息，才能保持身心健康，精力充沛地学习工作。

天长地久。天地所以能长且久者，以其不自生，故能长生。

是以圣人后其身而身先，外其身而身存。非以其无私邪？故能成其私。

——第七章

〖今译〗

天长地久。天地所以能长且久，因为它们不是为了自己而生存，所以能长生。

因而有道的人置身于后，反而占先；置身度外，反而保身。不正是因为他无私吗？所以能成全自己。

〖有感〗

天地的生命延续是长久的。天地养育万物，不求回报。正因为天地无私，所以才能长久。老子以此告诫统治者，要“后其身”，把自己的利益摆在后面；“外其身”，把自己的生命置之度外。这样反而能“身先”“身存”，受到百姓的爱戴，成就自己的事业。

先人后己，舍生忘死，就能精神不死，浩气长存。

希言自然。

故飘风不终朝，骤雨不终日。孰为此者？天地。天地尚不能久，而况于人乎？

——第二十三章（摘录）

〖今译〗

少说话，是自然的。

所以，狂风刮不了一早晨，暴雨下不了一整天。谁使它这样的？天地。天地的狂暴尚且不能持久，何况人呢？

〖有感〗

“天地有正气，杂然赋流形。下则为河岳，上则为日星。于人曰浩然，沛乎塞苍冥。”文天祥的《正气歌》，鼓舞一代又一代中华儿女，不论在任何时候，都要像天地那样，永远保持浩然正气。“一身正气。两袖清风。”有了正气，就能抵御社会污泥浊水的侵蚀，清白做人。

五 无为而治

不尚贤，使民不争；不贵难得之货，使民不为盗；不见可欲，使民心不乱。

是以圣人之治，虚其心，实其腹，弱其志，强其骨，常使民无知无欲。使夫智者不敢为也。

为无为，则无不治。

——第三章

〖今译〗

不崇尚贤明能干的人，使民众不去争夺；不珍贵稀有难得的财货，使民众不偷盗；不显现可引起贪欲的事物，使民众的心灵不被扰乱。

所以，有道的人治理国家，要使民众心灵虚静，饮食饱足，意志柔韧，筋骨强健，经常使民众没有争夺心智，没有贪得欲念，使自作聪明的人不敢妄为。

按照不妄为的原则去做事，就没有治理不成功的。

〖有感〗

“为无为，则无不治”，表明老子倡导的“自然无为”思想，是要按照客观规律去作为。把国家治理好并不是无所作为，更不是违背客观规律妄作为、乱作为。

大学学习，就是为了掌握与本专业相关规律的基本知识，以便将来有所作为，善于作为，更好地为祖国建设服务。

天下神器，不可为也。为者败之，执者失之。

——第二十九章（摘录）

〖今译〗

“天下”是个神奇的东西，不可强作妄为。强作妄为的人必将失败，把持的人必将丢失。

〖有感〗

“古者包牺氏之王天下也，仰则观象于天，俯则观法于地，观鸟兽之文，与地之宜，近取诸身，远取诸物，于是始作八卦，以通神明之德，以类万物之情。”（《周易·系辞下》）这是说古代伏羲氏是如何治理天下的。

所谓“仰观天文，俯察地理，进取诸身，远取诸物”等，就是每到一地，首先要了解当地的天文地理、民情物产等。这样才能按照客观规律办事，不强作，不妄为，避免失误。

道常无为而无不为。

侯王若能守之，万物将自化。化而欲作，吾将镇之以无名之朴。无名之朴，夫亦将不欲。不欲以静，天下将自定。

——第三十七章

〖今译〗

道永远不妄为，而没有一件事不是它所为。

侯王若能守住它，万物将会自动变化。自动变化而要有所作为，我将用没有名称的质朴来镇定它。没有名称的质朴，也不过是使它没有欲求。没有欲求就走向宁静，天下将会自然安定。

上德不德，是以有德；下德不失德，是以无德。

上德无为而无以为，下德为之而有以为；上仁为之而无以为，上义为之而有以为；上礼为之而莫之应，则攘臂而扔之。

故失道而后德，失德而后仁，失仁而后义，失义而后礼。

夫礼者，忠信之薄而乱之首。

前识者，道之华而愚之始。

是以，大丈夫处其厚，不居其薄；处其实，不居其华。故去彼取此。

——第三十八章

〖注释〗

“攘（rǎng）臂”：捋起袖子，伸出胳膊。

〖今译〗

上德的人不自以为有德，所以有德；下德的人不愿失去德的名声，所以没有德。

上德的人不妄为而顺其自然，下德的人妄为而自以为是。上仁的人有所作为而顺其自然；上义的人有所作为而自以为是；上礼的人有所作为而得不到回应，就挥起胳臂强迫人服从。

所以，失去道而后有德。失去德而后有仁，失去仁而后有义，失去义而后有礼。

所谓的礼，是忠信的不足，祸乱的首启。

所谓先见，是道的假象，愚昧的开始。

因此，大丈夫处世淳厚，而不居轻薄；处世朴实，而不居浮华。所以要舍去后者，采取前者。

〖有感〗

“华”，古通“花”；“实”，果实。“华而不实”，即只开花，不结果。追求外表华丽，爱作表面文章，忽视内在本质，不看实际效果。这种作风，误国误民，害人害己，当力戒之。

“处其实，不居其华。”是说为人处世要敦厚朴实，而不轻薄浮华。这样才能正确认识和运用客观规律，勇于作为，敢于创新。

为学日益，为道日损。损之又损，以至于无为，无为而无不为。

取天下常以无事，及其有事，不足以取天下。

——第四十八章

〖**今译**〗

求得的学识一天天增加，求得的道一天天减少。减少又减少，以至于达到不妄为的境地。不妄为也就没有什么事不为了。

治理天下要经常清静不扰攘，到了事情紧迫非处理不可的地步，就不配治理天下了。

〖**有感**〗

老子所说“为学日益”，意思是通过学习，一天天增加知识，这应该成为每个人的信条。学习需要日积月累，终身不辍。

子曰：“学而时习之，不亦说乎？”（《论语·学而》）“学而不厌，诲人不倦。”（《论语·述而》）“学如不及，犹恐失之。”（《论语·泰伯》）意思是一致的。

子曰：“知之者不如好之者；好之者不如乐之者。”（《论语·雍也》）学习，只认识它的重要性还不够，还要将其培养成为一种爱好，并进一步使其成为一种乐趣。

为无为，事无事，味无味。

大小多少，报怨以德。图难于其易，为大于其细。天下难事，必作于易，天下大事，必作于细。是以圣人终不为大，故能成其大。

夫轻诺必寡信，多易必多难。是以圣人犹难之，故终无难矣。

——第六十三章

〖今译〗

为不妄为之为，做不生事之事，品恬淡无味之味。

大生于小，多起于少，以德回报怨。办难事从容易处入手，办大事从细微处开始。天下难事，必作于易；天下大事，必作于细。因此，有道的人做事总不从大处入手，所以能成就大事。

轻易承诺必定缺少信用，把事情看得太容易必定遇困难多。所以，有道的人总想到事情的困难，因而最终没有困难。

〖有感〗

“轻诺必寡信”。力戒夸夸其谈，轻易承诺。

孔子说：“言必信，行必果。”（《论语·子路》）“人而无信，不知其可也。”（《论语·为政》）意思也是一致的。

俗话说：“君子一言，驷马难追。”诚信是做人的基本道德。说话不算数，怎能让人信任？

是以，圣人处无为之事，行不言之教；万物作焉而不为始，生而不有，为而不恃，功成而弗居。夫唯弗居，是以不去。

——第二章（摘录）

〖今译〗

因此，有道的人以不妄为的原则去处理事，以不言说的方法去教导人；万物运作而不加干预，生养万物而不据为己有，有所作为而不自恃己能，功业成就而不居功自傲。因为不居功自傲，所以功绩不会失去。

为者败之，执者失之。是以，圣人无为，故无败；无执，故无失。

——第六十四章（摘录）

〖今译〗

妄为者败事，把持者丧失。所以，有道的人不妄为，因此不败事；不把持，因此不丧失。

明白四达，能无为乎？

——第十章（摘录）

〖今译〗

明白四达，能不妄为吗？

〖有感〗

“博学之，审问之，慎思之，明辨之，笃行之。”（《礼记·中庸》）这是古人总结的治学五大守则。即学习要广博，提问要审慎，思考要缜密，是非要明辨，践行要踏实。这样才能逐渐接近“明白四达”。

学、问、思、辨、行，是互相交织、互相促进的五个要素，也是从认识到实践的五个阶段。这样按客观规律办事，就能避免或减少失败。

但是，即使博学多能，才学过人，“明白四达”，也不可趾高气扬，忘乎所以，妄自作为。

无有入无间，吾是以知无为之有益。

——第四十三章（摘录）

〖**今译**〗

无形的力量能穿入没有间隙的物体。所以，我得以知道不妄为的有益。

是以圣人不行而知，不见而明，不为而成。

——第四十七章（摘录）

〖今译〗

所以，有道的人不行动就能获得知识，不眼见就能明白，不妄为就能成功。

〖有感〗

“昨夜江边春水生，艨艟巨舰一毛轻。向来枉费推移力，此日中流自在行。”（朱熹《观书有感·其二》）

这首诗与“半亩方塘一鉴开”《观书有感·其一》，同样是极富哲理的好诗。江水枯浅时，用力推船，白费气力；江水上涨时，顺势航行，轻松自在。诗人用形象比喻，说明凡事必须遵循客观规律。

老子“不为而成”的洞见，此又一证。

故圣人云："我无为而民自化，我好静而民自正，我无事而民自富，我无欲而民自朴。"

——第五十七章（摘录）

〖今译〗

所以，有道的人说："我不妄为，民众自然归化；我好安静，民众自然端正；我不生事，民众自然富足；我无贪欲，民众自然淳朴。"

〖有感〗

"民自化""民自正""民自富""民自朴"，老子的"无为而治"理想，表现了中国"以民为本"的优良传统。

中国共产党领导中国革命、建设和改革，正由于充分相信和依靠广大人民群众的自觉性、主动性、积极性，才取得一个又一个伟大胜利。

青年学生要牢固树立"以人民为中心"的理念。

六 正言若反

天下莫柔弱于水，而攻坚强者莫之能胜，其无以易之。

弱之胜强，柔之胜刚，天下莫不知，莫能行。

是以圣人云："受国之垢，是谓社稷主；受国不祥，是为天下王。"

正言若反。

——第七十八章

〖今译〗

天下没有比水更柔弱的，而攻击坚强的力量没有胜过水的，因为没有什么能替代它。

弱能胜强，柔能胜刚，天下没有人不知道，没有人能实行。

所以有道的人说："承受全国的屈辱，称得上国家的君主；承受全国的灾祸，称得上天下的君王。"

正面的话听起来像反面的话。

〖有感〗

《老子》是中国古代哲学的高峰。特别是其中的朴素辩证法，闪耀着中国智慧的光芒。

《韩非子·难一》有一则寓言故事，寓意深刻。楚国一位卖"矛"与"盾"的人，说他的矛锐利，没有什么不能刺透的；又说他的盾坚固，没有什么能刺透的。有人问他："以子之矛陷子之盾，何如？"他无言以对。韩非由此得出结论："夫不可陷之盾与无不陷之矛，不可同世而立。"

矛与盾，即对立的两方面，相反相成，并且在一定条件下互相转化，这是事物发展的普遍规律。对任何事情，都要从正反两方面及其关联考察思索，才能得到客观全面的认识。

五色令人目盲，五音令人耳聋，五味令人口爽，驰骋畋猎令人发狂，难得之货令人行妨。

是以圣人为腹不为目，故去彼取此。

——第十二章

〖注释〗

“爽”，失去，伤败。

“畋（tián）”，打猎。

〖今译〗

缤纷的色彩令人目盲，喧嚣的音调令人耳聋，丰美的饮食令人尝不出滋味，纵情的狩猎令人心发狂，稀有的货物令人行为不当。

所以，有道的人为饱腹不为悦目，因而摒弃后者采取前者。

〖有感〗

早在两千多年前，老子就指出，过度追求物质享受，会走向事物的反面，使人失去正常的视觉、听觉、味觉，以致心狂意乱，行为失控。

在市场经济条件下，物质文明快速发展，人的精神世界容易空虚。某些干部经不起声色犬马的诱惑，陷入权钱交易的贪腐泥潭，而不能自拔，最后身陷囹圄，追悔莫及。

人还是要安于恬静素朴的生活。

曲则全，枉则直，洼则盈，敝则新，少则多，多则惑。是以圣人抱一为天下式。

——第二十二章（摘录）

〖今译〗

委曲反能求全，屈枉反能直伸，低洼反能充盈，敝旧反能崭新，少取反能多得，贪多反而困惑。因此，有道的人坚持把“一”（道）作为天下的范式。

〖有感〗

“尽信《书》，则不如无《书》。”（《孟子·尽心下》）所指是儒家经典《尚书》。书中写到周武王伐纣的牧野之战“血流漂杵”，孟子表示怀疑。他认为，武王极为仁道，与商纣王这极为不仁之人作战，怎会流血那么多，致使捣米的木槌都漂起来呢？

孟子这句话所说的“书”，其实带有普遍意义。书是前人知识的结晶，不可不信。但是，由于历史条件、知识领域、思想方法等的局限，书中所写的内容未必能全信。何况不同的书，往往有不同的见解。因此，要多读书，又必须独立思考，提出疑问。不可盲目相信，生吞活剥。

“疑”和“信”的关系，犹如“曲”和“全”、“枉”和“直”等，也是辩证的。

绝学无忧。唯之与阿，相去几何？善之与恶，相去若何？人之所畏，不可不畏。荒兮，其未央哉！

众人熙熙，如享太牢，如春登台。我独泊兮，其未兆，如婴儿之未孩，儽儽兮，若无所归！

众人皆有余，而我独若遗。我愚人之心也哉，沌沌兮！

俗人昭昭，我独昏昏。俗人察察，我独闷闷。

澹兮，其若海，飂兮，若无止。

众人皆有以，而我独顽似鄙。我独异于人，而贵食母。

——第二十章

〖注释〗

“阿”，斥责声，呵斥的意思。

“孩”，古同“咳”，婴儿笑声。

“儽（lěi）儽”，疲惫，儽通“累”。

“飂（liáo）”，大风。

〖今译〗

弃绝学问使人无忧无虑。应诺与呵斥，相去几何？善良与罪恶，相去若何？人们所畏惧的，不可不畏。远古以来就如此啊，这些还没有尽头！

众人是那样熙熙攘攘，如同享用盛宴，如同登台春望。我却独自淡泊啊，没有先兆，如同不知嬉笑的婴儿；劳累不堪啊，好像无家可归！

众人都丰饶有余，而我独自穷困不足。我这愚人的心灵啊，真是混混沌沌！

世人都明明白白，唯独我浑浑噩噩。世人都聪明机灵，唯独我沉沉闷闷。辽阔啊，好像浩瀚海洋！飘逸啊，好像永无止境！

众人都有所施展，唯独我愚顽无能。唯独我异于世人，而珍贵得到的根本。

〖有感〗

“独立之精神，自由之思想。”这是著名学者陈寅恪先生于1929年为同在清华研究院任教的王国维先生所写的纪念碑铭中提出的。每个大学生，都应以此作为学习研究的准则。

昔之得一者，天得一以清，地得一以宁，神得一以灵，谷得一以盈，万物得一以生，侯王得一以为天下贞。其致之。

天无以清，将恐裂；地无以宁，将恐发；神无以灵，将恐歇；谷无以盈，将恐竭；万物无以生，将恐灭；侯王无以贵高，将恐蹶。

故贵以贱为本，高以下为基。是以侯王自称孤、寡、不穀。此非以贱为本邪？非乎？故致数舆无舆。不欲琭琭如玉，珞珞如石。

——第三十九章

〖注释〗

“毂（gǔ）”，善。“不毂”，即不善。古代帝王自称“不毂”。

“琭（lù）琭”，形容玉的华美。

“珞（luò）珞”，形容石的坚硬。

〖今译〗

自古得到“一”（道）的，天得到“一”而清明；地得到“一”而宁静；神得到“一”而灵验；河谷得到“一”而充盈；万物得到“一”而生长；侯王得到“一”而天下安定。各遂其愿。

天不能保持清明，恐怕将崩裂；地不能保持宁静，恐怕将震荡；神不能保持灵验，恐怕将消歇；河谷不能保持充盈，恐怕将枯竭；万物不能保持生长，恐怕将绝灭；侯王不能保持高贵，恐怕将颠覆。

所以，贵以贱为本，高以下为基。因而，侯王自称“孤”、“寡”、“不毂”。这不是以贱为本吗？不是吗？所以，最高的赞誉是没有赞誉。不求美玉般的华丽，宁有顽石般的坚强。

〖有感〗

“天得以清，地得以宁”的思想，对于当今生态文明建设具有重要意义。人类生活在同一片天地之间，每个人都有维护“天清地宁”的责任。

其政闷闷，其民淳淳。其政察察，其民缺缺。

祸兮，福之所倚；福兮，祸之所伏。孰知其极？其无正。正复为奇，善复为妖。人之迷，其日固久。

是以圣人方而不割，廉而不刿，直而不肆，光而不燿。

——第五十八章

〖今译〗

为政宽厚，百姓淳朴。为政严苛，百姓不满。

灾祸啊，幸福的倚傍之所；幸福啊，灾祸的潜伏之处。谁知道它的究竟？它没有准正。正常忽而变成离奇，善良忽而变成妖孽，人们的迷惑，由来已久。

所以，有道的人方正而不生硬，锐利而不伤人，正直而不放肆，光亮而不耀眼。

〖有感〗

“塞翁失马，焉知非福”的故事说，边塞老人的马丢失，人们安慰他，他说：“这怎知不是福气？”几个月后，丢失的马带回胡人的马，人们祝贺他，他说：“这怎知不是祸患？”不久，儿子骑马跌断大腿，人们安慰他。他说：“这怎知不是福气？”一年后，胡人入侵，青壮年拿起武器作战，十之九战死。由于伤残，父子保全性命。

《淮南子·人间训》这一典故，寓含哲学原理：在一定条件下，矛盾的对立面可以互相转化。坏事可以变成好事，好事也可以变成坏事。

将欲歙之，必固张之；将欲弱之，必固强之；将欲废之，必固兴之；将欲取之，必固与之。是谓微明。

——第三十六章（摘录）

〖注释〗

“歙（xī）”，收缩，收敛。

〖今译〗

将要收敛它，务必扩张它；将要削弱它，务必增强它；将要废弃它，务必兴起它；将要夺取它，务必给予它。这就叫明察入微的智慧。

〖有感〗

看完年末的蜡祭后，孔子问子贡：“你快乐吗？”子贡说：“全国都好像疯狂了，我不感到有什么快乐。”孔子说：“他们一年辛苦，才有一天轻松。”“张而不弛，文武弗能也；弛而不张，文武弗为也。一张一弛，文武之道也。”（《礼记·杂记下》）只紧张而不放松，文王、武王也做不到；只放松而不紧张，文王、武王也不愿那样做。紧张一阵，放松一阵，这是文王、武王的做法。

在学习和工作中，也要有张有弛，劳逸结合，善于谋划。

故建言有之："明道若昧，进道若退，夷道若纇。上德若谷，大白若辱，广德若不足，建德若偷，质真若渝。大方无隅，大器晚成，大音希声，大象无形。"

——第四十一章（摘录）

〖注释〗

“纇（lèi）”，崎岖，不平坦。

〖今译〗

所以，有人立言说：“明亮的道好似暗昧，前进的道好似后退，平坦的道好似崎岖。高德好似低谷，白净好似污辱，广大的德好似不足，刚健的德好似懦弱，质性纯真好似庸俗。最方正的东西没有棱角，最大的器物最后完成，最大的音响少有声，最大的物象没有形。”

〖有感〗

“大器”，古代指大型贵重器皿。如钟、鼎等青铜器，需长时间才能铸成，故有“大器晚成”说。

楚庄王莅位三年，不发令，不听政。经观察民情，大刀阔斧，废旧政令，颁新政令；诛杀奸臣，起用新人；讨伐齐国，会合诸侯；最后成为春秋五霸之一。他自比说：“虽无飞，飞必冲天；虽无鸣，鸣必惊人。”（《韩非子·喻老》）韩非子用这个故事，比喻老子“大器晚成，大音希声”的理念。

“自古英雄出少年。”也有大器晚成者。“有志者事竟成。”

大小多少，报怨以德。图难于其易，为大于其细。天下难事，必作于易，天下大事，必作于细。是以圣人终不为大，故能成其大。

——第六十三章（摘录）

〖今译〗

大生于小，多起于少，以德回报怨。办难事从容易处入手，办大事从细微处开始。天下难事，必作于易；天下大事，必作于细。因此，有道的人做事总不从大处入手，所以能成就大事。

〖有感〗

“大处着眼，小处着手”，是成功的必由之路；“志大才疏”“眼高手低”，必将一事无成。

青年学生，既要立大志，又要从做好身边每一件小事开始。

合抱之木，生于毫末；九层之台，起于累土；千里之行，始于足下。

——第六十四章（摘录）

〖今译〗

合抱的大树，生长于微小的萌芽；九层的高台，筑起于泥土的累积；千里的远行，开始于脚下的迈步。

〖有感〗

《荀子·劝学》中“不积跬步，无以至千里；不积小流，无以成江海。”与老子所说“千里之行，始于足下”，意思是一致的。

中国特色社会主义的雄伟大厦，是靠亿万人民辛勤劳动，从打好地基开始，一砖一石，持之以恒，逐步建成的。

学习也是如此。

有无相生，难易相成，长短相形，高下相倾，音声相和，前后相随。

——第二章（摘录）

〖今译〗

有与无互相生成，难与易互相促就，长与短互相显示，高与下互相呈现，音与声互相应和，前与后互相跟随。

〖有感〗

“三人行，必有我师焉：择其善者而从之，其不善者而改之。”（《论语·述而》）长短、高下、优劣，是互相比较而存在的。国家、企业、学校、个人，都是这两方面并存的。

善于取人之长，补己之短，扬己之长，避人之短，是智慧，是快速前进必经之途。

物或损之而益，或益之而损。

——第四十二章（摘录）

〖今译〗

事物贬损有时反而增益，增益有时反而贬损。

〖有感〗

“人有悲欢离合，月有阴晴圆缺，此事古难全。”（《苏轼·水调歌头》）

损益、祸福、悲欢，是在一定条件下互相转化的。

人生道路崎岖坎坷。青年学生要做好思想准备，经得起各种各样的挫折摔打，并积极创造条件，促使事情朝好的方向转化。

大成若缺，其用不弊。

大盈若冲，其用不穷。

大直若屈，大巧若拙，大辩若讷。

——第四十五章（摘录）

〖注释〗

“冲（chōng）”，古字为“盅”，虚空的意思。

〖今译〗

最完满的东西好似欠缺，它的作用不会衰竭。

最充盈的东西好似空虚，它的作用不会穷尽。

最正直的东西好似枉屈，最灵巧的东西好似笨拙，最善辩的人才好似木讷。

〖有感〗

“大巧若拙”，此又一应当铭记的老子箴言！

真正的能工巧匠，大抵如此。他们心灵手巧，却不多言善语；他们思维敏捷，却显出几分笨拙。

为人处世，机巧是好的，但须用在正道上。要努力达到“心灵手巧”“巧夺天工”，宁可让人感到“笨拙”，决不“花言巧语”“投机取巧”，更反对“巧取豪夺”，还要避免“弄巧成拙”。

“巧”与“拙”的矛盾统一体，值得深思。有人内巧外拙，大巧若拙；有人外巧内拙，聪明反被聪明误。

七 清静为本

大成若缺，其用不弊。
大盈若冲，其用不穷。
大直若屈，大巧若拙，大辩若讷。
躁胜寒，静胜热。清静为天下正。

——第四十五章

〖今译〗

最完满的东西好似欠缺，它的作用不会衰竭。

最充盈的东西好似空虚，它的作用不会穷尽。

最正直的东西好似枉屈，最灵巧的东西好似笨拙，最善辩的人才好似木讷。

躁动战胜严寒，安静战胜暑热。清静是天下的准正。

〖有感〗

老子说："清静为天下正""大直若屈"。孔子说："人之生也直"（《论语·雍也》）"政者正也"（《论语·颜渊》）。这都是说，"正直"，是做人做事的基本准则。

孔子还说："子帅以正，孰敢不正？"（《论语·颜渊》）"其身正，不令而行；其身不正，虽令不从。"（《论语·子路》）"不能正其身，如正人何？"（《论语·子路》）这些都是对从政者的谆谆教导。也给为人父母、兄姊、教师以及所有人以启示。

正直，就必须有一颗清澈、宁静的心。

古之善为士者，微妙玄通，深不可识。夫唯不可识，故强为之容。

豫焉若冬涉川，犹兮若畏四邻，俨兮其若客，涣兮若冰之将释，敦兮其若朴，旷兮其若谷，混兮其若浊。

孰能浊以止？静之徐清。

孰能安以久？动之徐生。

保此道者不欲盈。夫唯不盈，故能蔽不新成。

——第十五章

〖今译〗

古时有道之士，微妙通达，深刻到人们不可认识。正因为不可认识，所以勉强对他加以形容。

小心谨慎啊，好像冬天涉水过河；反复考虑啊，好像邻国四面围攻；恭敬严肃啊，好像接待贵客；和蔼可亲啊，好像春冰消融；敦厚质朴啊，好像未经雕琢的素材；旷远开阔啊，好像深山幽谷；浑厚包容啊，好像大江浊流。

谁能使浊流停止，使它静静地慢慢澄清？

谁能使安定长久，使它在动中慢慢生存？

保持此道的人，不自满。正因为不自满，所以能去旧成新。

〖有感〗

“静而后能安，安而后能虑，虑而后能得。”（《大学》）宁静然后才能心安，心安然后才能思虑，思虑然后才能有得。

宁静的对立面是浮躁。在市场经济条件下，竞争日益激烈，人的压力增大，浮躁之风盛行，保持宁静尤其难能可贵。

重为轻根，静为躁君。

是以君子终日行不离辎重。虽有荣观，燕处超然。奈何万乘之主，而以身轻天下？

轻则失根，躁则失君。

——第二十六章

〖注释〗

“燕处”，燕，古通“宴”，安乐；燕处，安乐生活。

〖今译〗

厚重是轻浮的根本，沉静是躁动的主宰。

所以，有道的人整日行走不离开载有粮草的辎重。虽然有荣华的生活，却不沉溺其中。为什么作为大国的君主，如此轻浮地治理天下呢？

轻浮必然丧失根本，躁动必然丧失主宰。

牝常以静胜牡，以静为下。

——第六十一章（摘录）

〖注释〗

“牝（pìn）”，雌性，母性。

〖今译〗

雌柔总是以清静胜过雄强，因为它清静而又能处于下位。

〖有感〗

牝，雌性，阴性，特点是柔弱、好静；牡，雄性，阳性，特点是刚强、好动。老子倡导“柔弱胜刚强”“清静为天下正”的真谛，指出“牝常以静胜牡”。

《礼记·乐记》：“人生而静，天之性也。感于物而动，性之欲也。”人生来是安静的，这是天性。受到外界物质的感染动起来，这是人性的欲望造成的。这是对动与静关系另一角度的论述。它也告诉人们，“牝常以静胜牡”的原因所在，从而达到“以静制动”之效。

致虚极，守静笃。

——第十六章（摘录）

〖今译〗

达致极度的虚寂，持守笃厚的清静。

〖有感〗

静，心静，内心平静；守，持守，坚持守护；笃，忠诚，矢志不移。老子倡导“守静笃”，是说要矢志不移地守护内心平静。这在当今市场经济条件下，浮躁喧嚣的环境中，不仅特别重要，尤其难能可贵。

动与静相辅相成，人是要不断活动的。在动中保持内心的平静，才能有冷静的思考，理性的选择，专心致志的学习，卓有成效的工作。

无名之朴，夫亦将不欲。不欲以静，天下将自定。

——第三十七章（摘录）

〖**今译**〗

没有名称的质朴，也不过是使它没有欲求。没有欲求就走向宁静，天下将会自然安定。

〖**有感**〗

“克己奉公”“推己及人”，才能保持内心的平静。人人朝这个方向努力，社会定将走向安定。

归根曰静，是曰复命。

——第十六章（摘录）

〖今译〗

返回本根叫“静”，这叫“复命”。

〖有感〗

“归根曰静，是曰复命”，寓意深刻。“性命”，“性”“命”密不可分。“天命之谓性”。事物本性是平静的，所以，回归本根就是回到“静”，也叫“复命”。

中国人重视“归”。“归省”“归心”“归宿”“叶落归根”等，都是“归根曰静”的体现，与回归到内心平静密不可分。“海归”，也如此。

“浩荡离愁白日斜，吟鞭东指即天涯。落红不是无情物，化作春泥更护花。”（龚自珍《己亥杂诗·其五》）离愁在夕阳下变得更加浩荡深沉，挥鞭东去以开阔心境、面向天涯。落花本是无情物却又满怀深情化作春泥，来年又将更好地养护鲜花。

写于被排挤辞官离京回乡之时的这首诗，表现了诗人在不得志时，也不忘报国情怀。“叶落归根”是中华文化的优良传统。诗人写的是落花又护花。而归根才能护根，护根才能护花。

故圣人云："我无为而民自化，我好静而民自正，我无事而民自富，我无欲而民自朴。"

——第五十七章（摘录）

〖今译〗

所以，有道的人说："我不妄为，民众自然归化；我好安静，民众自然端正；我不生事，民众自然富足；我无贪欲，民众自然淳朴。"

〖有感〗

诸葛亮在《诫子书》中写道："夫君子之行，静以修身，俭以养德。非澹泊无以明志，非宁静无以致远。夫学须静也，才须学也。非学无以广才，非志无以成学。"宁静方能修为自身，俭朴方能涵养道德。不淡泊名利，不能明确远大志向；不宁静思考，不能实现远大理想。学习需要宁静，才能需要学习。不学习，无法增长才能；不立志，无法学有所成。

八 柔弱处上

人之生也柔弱，其死也坚强。

万物草木之生也柔脆，其死也枯槁。

故坚强者死之徒，柔弱者生之徒。

是以兵强则灭，木强则折。

坚强处下，柔弱处上。

——第七十六章

〖今译〗

人生存时身体是柔软的，死后变得僵硬。

万物草木生存时是柔脆的，死后变得枯槁。

所以，坚强的东西属于死亡的一类，柔软的东西属于生存的一类。

因此，军队强大了必将灭亡，树木强大了必将摧折。

坚强处于下行，柔弱处于上行。

〖有感〗

春天的小草，稚嫩柔软，却蓬勃生长，狂风劲吹也折不断它。秋日的枯叶，坚硬干强，却临近死亡，一场寒风就飘落殆尽。“万物草木之生也柔脆，其死也枯槁。”老子用草木的荣枯，说明新生事物虽然柔嫩脆弱，却具有旺盛生命力，是貌似坚强的衰旧事物无法战胜的。

以草木为题材的古诗词很多。“城春草木深”（杜甫《春望》），“孟冬草木枯”（白居易《寓意诗五首》），“草木知春不久归”（韩愈《晚春》），“秋尽江南草未凋”（杜牧《寄扬州韩绰判官》）等诗句，都通过草木形象地反映这一自然规律。

将欲歙之，必固张之；将欲弱之，必固强之；将欲废之，必固兴之；将欲取之，必固与之。是谓微明。柔弱胜刚强。鱼不可脱于渊，国之利器不可以示人。

——第三十六章

〖注释〗

“歙（xī）”，收缩，收敛。

〖今译〗

将要收敛它，务必扩张它；将要削弱它，务必增强它；将要废弃它，务必兴起它；将要夺取它，务必给予它。这就叫明察入微的智慧。柔弱胜刚强。鱼不能脱离深渊，国家的利器不能展示于人。

〖有感〗

“柔弱处上”，并非软弱无能，放弃应有原则，一味迁就退让。而是要“以柔克刚”，以智取胜，达到战胜刚强的预期目标。

当事物发出微茫柔弱的光亮时，就预见到其未来发展趋势，这是“明道”，认识规律，也即“微明”。有了“微明”的过人智慧，才能达到“将欲取之，必固与之”“柔弱处上”“柔弱胜刚强”等的成效。

出生入死。生之徒十有三；死之徒十有三；人之生，动之于死地，亦十有三。

夫何故？以其生生之厚。

盖闻善摄生者，陆行不遇兕虎，入军不被甲兵。兕无所投其角，虎无所措其爪，兵无所容其刃。

夫何故？以其无死地。

——第五十章

〖注释〗

“兕（sì）”，犀牛。

〖今译〗

走出生存就进入死亡。生存的机会占十分之三；死亡的机会占十分之三，轻举妄动而陷于死地的，也占十分之三。

为什么？因为养护生命过度。

听说善于养生的人，陆行不会遇到犀牛老虎袭击，入伍不会遭到兵器伤害。犀牛用不上它的角，老虎用不上它的爪，兵器用不上它的刃。

为什么？因为没有进入死亡的境地。

〖有感〗

处世之道，要有刚有柔，刚柔并济；有方有圆，内方外圆。这就是刚柔之道，方圆之道。

“不以规矩，不能成方圆。规矩，方圆之至也。”（《孟子·离娄上》）规，圆规；矩，曲尺。不按规矩，不能画成方形和圆形；规矩，是方圆的标准。

方，方方正正，有棱角，讲原则；圆，圆融圆通，能灵活，善沟通。方，圆，也要按规矩办；不按规矩办，也是行不通的。

同学之间，要学会把原则性和灵活性结合起来，和谐相处，共同前进。

天下有始，以为天下母。既得其母，以知其子。既知其子，复守其母，没身不殆。

塞其兑，闭其门，终身不勤。开其兑，济其事，终身不救。

见小曰明，守柔曰强。用其光，复归其明，无遗身殃，是为习常。

——第五十二章

〖注释〗

“习”，古时与“袭”通用。

〖今译〗

天下事物都有其初始，作为天下事物的本源。既已掌握它的本源，就能认识事物。既已认识事物，又回过头来守住它的本源，终身就不会有危险。

塞住贪欲的孔窍，关闭贪欲的门窗，终身不受干扰。打开贪欲的孔窍，引来纷繁的世事，终身不可救治。

洞见细小叫“明”，守住柔弱叫“强”。运用蕴含的“光”，重新回归到“明”，避免身受其殃，这就是承袭常道（永恒规律）。

〖有感〗

“守柔曰强”，是事物发展的辩证法。守住柔弱，才能永葆青春，始终坚强。守住柔弱，就叫坚强。

为人处世，必须守住底线，贯彻始终。

弱之胜强，柔之胜刚，天下莫不知，莫能行。

——第七十八章（摘录）

〖**今译**〗

弱能胜强，柔能胜刚，天下没有人不知道，没有人能实行。

〖**有感**〗

老子是最早谈到知行关系的哲学家之一。明代思想家王阳明提出“知行合一”论。他说：“知是行之始，行是知之成。”又说：“未有知而不行者，知而不行只是未知。”（《传习录》）知行关系，也就是认识和实践的关系。

习近平多次讲到干部和大学生要“知行合一”。大学生既要知，又要行；切忌知而不行。要把知和行、认识和实践统一起来。不仅要懂得社会主义核心价值观的道理，而且要付诸行动。

专气致柔，能婴儿乎？

——第十章（摘录）

〖今译〗

集聚精气致使柔弱，能像婴儿那样吗？

〖有感〗

婴儿的全身，包括骨肉发肤，都是柔软嫩弱的。他们纯洁无瑕，心地真诚善良。

“孟子曰：‘大人者，不失其赤子之心者也。’”（《孟子·离娄下》）品德高尚的人，是不失去婴儿般心灵的人。“赤子之心”典故，即出自此。据孔颖达解释，婴儿出生时身体为赤色，故称“赤子”。

老子告诫人们，要专心致志于柔弱，就像新生婴儿那样。孟子语意与此相近。

人要始终保持婴儿般的纯真善良。

天下之至柔，驰骋天下之至坚。

——第四十三章（摘录）

〖今译〗

天下最柔弱的东西，能驾驭天下最坚强的东西。

〖有感〗

“凡为将者，当以刚柔相济，不可徒恃其勇。”这是定军山战前，曹操诏示部将夏侯渊的一段话。

可是，夏侯渊既不遵照上级命令，又不听从部下劝阻，坚持出战。结果，被老将黄忠“连头带背，砍为两段。”“曹兵大败，各自逃生。”（见《三国演义》第七十一回）

“刚柔相济，有勇有谋”，不仅作战，办任何事，都是必须遵行的。

含德之厚，比于赤子。毒虫不螫，猛兽不据，攫鸟不搏。骨弱筋柔而握固。未知牝牡之合而峻作，精之至也。终日号而不嗄，和之至也。

——第五十五章（摘录）

〖注释〗

"峻（zuī）"，同"朘"，男孩的生殖器。

〖今译〗

含德深厚的人，好比初生婴儿（那样纯洁）。毒虫不咬他，猛兽不伤他，凶鸟不抓他。他筋骨柔弱而握力牢固。他还不知道男女交合却小生殖器勃起，是精气充沛所致。他整日号哭却喉咙不沙哑，是心气平和所致。

〖有感〗

"含德之厚，比于赤子。"老子用"赤子"比喻道德高尚的人。

"赤子"一词最早见于《尚书·康诰》："若保赤子，惟民其康乂（yì，治理，安定）。"为政者要像父母保护初生婴儿那样，让百姓康乐安定。

《资治通鉴》载，唐太宗说："王者视四海如一家，封域之内，皆朕赤子，朕一一推心置其腹中。"意思是，要把全国百姓当作自己的初生婴儿那样，与他们推心置腹。"海外赤子"称呼，由此推演而来。

2016年7月1日，习近平总书记在庆祝中国共产党成立95周年大会上说："我们党已经走过了95年的历程，但我们要永远保持建党时中国共产党人的奋斗精神，永远保持对人民的赤子之心。"

是以圣人之治，虚其心，实其腹，弱其志，强其骨，常使民无知无欲。

——第三章（摘录）

〖今译〗

所以，有道的人治理国家，要使民众心灵虚静，饮食饱足，意志柔韧，筋骨强健，经常使民众没有争夺心智，没有贪得欲念。

〖有感〗

清代书画家、文学家郑板桥撰有一副对联：“虚心竹有低头叶，傲骨梅无两面枝。”上联咏竹。竹枝干中空，叶向下生长。“虚心”“有低头叶”，寓意人要谦虚，勇于向真理低头。下联赞梅。梅不畏冰雪，花向上开放。“傲骨”“无两面枝”，是说人要有骨气，不做两面派。托物言志，是中国文学艺术的优良传统和惯用手法。这副对联含义，恰与老子倡导“虚其心”“强其骨”的圣人之治吻合。

九 知常曰明

含德之厚，比于赤子。毒虫不螫，猛兽不据，攫鸟不搏。骨弱筋柔而握固。未知牝牡之合而峻作，精之至也。终日号而不嗄，和之至也。

知和曰常，知常曰明。益生曰祥，心使气曰强。物壮则老，谓之不道，不道早已。

——第五十五章

〖注释〗

“峻（zuī）”，同“朘”，男孩的生殖器。

“祥”，吉祥；古时也有时作不祥、妖祥解。此处指灾祸。

〖今译〗

含德深厚的人，好比初生婴儿（那样纯洁）。毒虫不咬他，猛兽不伤他，凶鸟不抓他。他筋骨柔弱而握力牢固。他还不知道男女交合却小生殖器勃起，是精气充沛所致。他整日号哭却喉咙不沙哑，是心气平和所致。

认识平和叫“常”，认识常叫“明”。追求生活享受叫“灾难”，心欲支使精气叫“逞强”。事物强壮就走向衰老，这叫“不道”，不合于道就临近死亡。

〖有感〗

“常”，事物发展的经常性。人们通过经常性、反复性，才能认识客观规律，聪明起来。

“春有百花秋有月，夏有凉风冬有雪。莫将闲事挂心头，便是人间好时节。”南宋释绍昙的这首诗，中心意思是说，人们只要保持平常心，一年四季的每一天，都能享受大自然的赐予，过得美好舒坦。

这首诗也表明，从年复一年四季更替的常态中，认识春花秋月、夏风冬雪的规律，人与自然才能和谐相处。

致虚极，守静笃。

万物并作，吾以观复。

夫物芸芸，各复归其根，归根曰静，是曰复命。复命曰常，知常曰明。不知常，妄作，凶。

知常容，容乃公，公乃王，王乃天，天乃道，道乃久，没生不殆。

——第十六章

〖今译〗

达致极度的虚寂，持守笃厚的清静。

万物蓬勃生长，我观其循环往复。

事物纷纷芸芸，各自返回其本根。返回本根叫“静”，这叫“复命”。复命叫“常”（规律），认识常叫“明”。不认识常，轻举妄动，必遭凶险。

认识常，才能包容；能包容，才能公允；公允，才能担当首领；担当首领，才顺应自然；顺应自然，才符合道；符合道，才能长久，终身不遭危险。

〖有感〗

老子提出“知常容”，主要是对统治者说的。认识“常”，即“得道”，把握“自然无为”的规律，才能“容”，包容、宽容、容人、容忍。

“海纳百川，有容乃大。”这句成语，有助于对“知常容”价值的理解。前句是对自然现象的概括描述，后句则反映了事物发展的普遍规律。能“容”，就会“大度”“大气”，成就“大业”。心胸狭窄，小肚鸡肠，只能孤家寡人，脱离群众。

知人者智，自知者明。

胜人者有力，自胜者强。

知足者富。

强行者有志。

不失其所者久。

死而不亡者寿。

——第三十三章

〖今译〗

了解别人的人是“智”，了解自己的人是“明”。

战胜别人的人是有力，战胜自己的人是坚强。

知足的人富有。

坚强行动的人有志气。

不离失初心的人能长久。

身死而精神不朽的人是长寿。

〖有感〗

“破山中贼易，破心中贼难。”明代著名思想家、教育家、政治家、军事家王阳明，在任都察院左佥都御史时，带兵剿灭盗贼，屡建奇功。他在进军江西崇山峻岭途中，给杨仕德、薛尚谦的信里，写下这句名言。

这句话，与老子所说“胜人者有力，自胜者强”意思相近。都表明，改正自身的弱点、缺点与错误，战胜自己，超越自己，是非常重要的，也是十分困难的。

善行，无辙迹；善言，无瑕谪；善数，不用筹策；善闭，无关楗而不可开；善结，无绳约而不可解。

是以圣人常善救人，故无弃人；常善救物，故无弃物。是谓袭明。

故善人者，不善人之师；不善人者，善人之资。不贵其师，不爱其资，虽智大迷。是谓要妙。

——第二十七章

〖今译〗

善行路的，不留痕迹；善言谈的，无懈可击；善计数的，不用筹码；善关闭的，不用栓而使人打不开；善打结的，不用绳绕而使人不能解。

所以，有道的人总是善于救助人，因而没有废弃之人；总是善于利用物，因而没有废弃之物。这就叫承袭不绝的“明”。

所以，善人是不善人的老师；不善人是善人的借鉴。不尊重老师，不珍爱借鉴，虽自以为“明”，实际上是大迷糊。这就是做人的奥妙。

〖有感〗

“不贵其师，不爱其资，虽智大迷。”老子指出师资的极端重要性。师资，是教育的根本。

尊师重道，是中华民族的优良传统。“道”，即规律、法则，也是最高的学问、知识。尊重知识、尊重人才，必然尊敬老师。《宋史·杨时传》载：“杨时见程颐于洛，时盖年四十矣。一日见颐，颐偶瞑坐，时与游酢侍立不去。颐既觉，则门外雪深一尺矣。”北宋进士杨时与朋友游酢（zuò），到洛阳向著名理学家程颐登门求教，见程颐正在闭目养神，不便打扰，就在门外等候。程颐发现时，他们已满身是雪。“程门立雪”的故事，流传至今。

知不知，上；不知知，病。
夫唯病病，是以不病。
圣人不病，以其病病，是以不病。

——第七十一章

〖今译〗

知道自己无知，最好；无知而自以为有知，病态。

唯有把病当病，才能不病。

有道的人不病，是因为他把病当病，所以不病。

〖有感〗

子曰："知之为知之，不知为不知，是知也。"（《论语·为政》）懂就懂，不懂就不懂。不要不懂装懂。

大学是学习掌握基本专业知识的关键时期。要时刻想到自己知识的不足。知道自己的不足，是明智；无知却自以为是，是病态。只有克服这种病态，才能继续前进。

见小曰明，守柔曰强。用其光，复归其明，无遗身殃，是为习常。

——第五十二章（摘录）

〖**今译**〗

洞见细小叫“明”，守住柔弱叫“强”。运用蕴含的“光”，重新回归到“明”，避免身受其殃，这就是承袭常道（永恒规律）。

〖**有感**〗

要有“见微知著”的敏感和眼力。新事物诞生时，是微小的、纤弱的，但具有旺盛的生命力和光辉灿烂的前景。青年要善于发现新事物，勇于创新，敢于开拓。

企者不立，跨者不行，自见者不明，自是者不彰，自伐者无功，自矜者不长。

其在道也，曰余食赘行，物或恶之，故有道者不处。

——第二十四章

〖今译〗

踮起脚跟，站立不稳；跨步前进，行走不远；自恃己见，看不分明；自以为是，判断不清；自我夸耀，不见功效；自我矜持，不能长久。

用道的原则衡量，这些行为都像剩饭赘疣，令人厌恶，所以有道的人不干。

〖有感〗

“自是者不彰”。自以为是的人，犹如“一叶障目，不见泰山”。一片小树叶，往往挡住视线，看不见高大的泰山。

习惯于自以为是，以人为非；不能自以为非，以人为是；什么事都是自己对，别人错；看不见自己错，别人对。这样看问题，不能全面客观，无法认清事物的本质和主流。

要学会全面看问题，认清事物的本质和主流，不为现象和支流所迷惑。

是以圣人自知不自见，自爱不自贵。故去彼取此。

——第七十二章（摘录）

〖今译〗

所以，有道的人自知而不自我表现，自爱而不自居高贵。因而，要舍弃后者采取前者。

〖有感〗

“自知不自见，自爱不自贵”，是“知常曰明”所必需的，也是“实事求是”所必需的。

“实事求是”，最早见于《汉书·河间献王传》：“修学好古，实事求是，从民得善书，必为好写与之，留其真。”颜师古注：“务得事实，每求真是也。”“真，正也。留其正本。”

毛泽东对“实事求是”的含义，做了创造性的解释发挥。他在《改造我们的学习》一文中说：“‘实事’就是客观存在着的一切事物，‘是’就是客观事物的内部联系，即规律性，‘求’就是我们去研究。”中国革命、建设和改革的伟大成就，是在“实事求是”这一思想路线指引下取得的。

十见素抱朴

绝圣弃智，民利百倍；绝仁弃义，民复孝慈；绝巧弃利，盗贼无有。此三者以为文不足。故令有所属：见素抱朴，少私寡欲。

——第十九章

〖注释〗

“见素抱朴”：“见”，即现，呈现。“素”，未经染色的生丝；“朴”，未经加工的原木。

〖今译〗

抛尽聪明智慧，民众的利益将增加百倍；抛尽“仁”“义”，民众会恢复孝慈；抛尽取巧追利，盗贼就自将消失。这三条作为文饰是不够的。所以，要让人有所归属：外形素净，内心质朴；减少私心，寡淡欲望。

〖有感〗

《说文解字》：“樸，木素也。从木，菐声。”朴，“樸”的简体字，“无刀斧之断者，谓之朴。”（王充《论衡·量知》）朴，即未经雕琢之美。

为人处世，要永远保持素净、朴实的本色。

知其雄，守其雌，为天下谿。为天下谿：常德不离，复归于婴儿。

知其白，守其黑，为天下式。为天下式：常德不忒，复归于无极。

知其荣，守其辱，为天下谷。为天下谷：常德乃足，复归于朴。

朴散则为器，圣人用之，则为官长，故大制不割。

——第二十八章

〖注释〗

“忒（tè）”，差错。

〖今译〗

深知雄强，安于雌柔，甘为天下溪流。甘为天下溪流，常德不离身，复归于婴儿纯真。

深知洁白，安于暗昧，甘为天下范式。甘为天下范式，常德不出错，复归于终极真谛。

深知荣誉，安于屈辱，甘为天下川谷。甘为天下川谷，常德乃充足，复归于素净质朴。

质朴分散变为各种器物，有道的人利用它，成为管理的首长，所以大的管理体制不会割裂。

〖有感〗

“清水出芙蓉，天然去雕饰。”李白赠江夏太守韦良宰的诗很长，这两句给人印象最深。它是赞美韦太守的文章，如同出水芙蓉那样，自然清新，没有雕琢装饰，保持一种天然之美。作诗、作文应当如此，做人、做事也应当如此。我就是我，不过度包装，不矫揉造作。

素朴美，纯真美，本色美——是真正的美。

道常无名，朴虽小，天下莫能臣也。侯王若能守之，万物将自宾。

——第三十二章（摘录）

〖今译〗

道永远是无名的，“朴”虽然小，天下没有能臣服它的。侯王若能守住它，万物将会自然服从。

〖有感〗

朴素，看似小事，实则非常重要。

中国共产党始终保持艰苦朴素的作风，才得以领导中国革命、建设、改革，取得今天的成就。

朴素，对于个人而言，不仅能抵御不良风气的影响，也有利于集中精力于学习工作，从而立于不败之地。

无名之朴，夫亦将不欲。不欲以静，天下将自定。

——第三十七章（摘录）

〖今译〗

没有名称的质朴，也不过是使它没有欲求。没有欲求就走向宁静，天下将会自然安定。

〖有感〗

老子反复告诫要“不欲”（第三十七章）“无欲”（第五十七章）“少思寡欲”（第十九章），“绝巧弃利”（第十九章）。这是说不要有非分贪欲，不要唯利是图。同时强调要“民利百倍”（第十九章）“民自富”（第五十七章）。

这些首先并主要是对为政者说的，普通百姓也需要思考自律。

故圣人云："我无为而民自化，我好静而民自正，我无事而民自富，我无欲而民自朴。"

——第五十七章（摘录）

〖今译〗

所以，有道的人说："我不妄为，民众自然归化；我好安静，民众自然端正；我不生事，民众自然富足；我无贪欲，民众自然淳朴。"

〖有感〗

老子提出"我无欲而民自朴"，是针对当时统治者无止境的贪欲提出的，着重要求他们"无欲"，不要贪得无厌，欲壑难填。认为统治者节制自己的欲望，民众自然会保持朴素的本色。这是很有道理的。

同时也说明，老子十分重视民风，认为朴实无华的民风，要靠百姓的自我修为养成。这在今天仍有现实意义。

敦兮其若朴。

——第十五章（摘录）

〖今译〗

敦厚质朴啊，好像未经雕琢的素材。

〖有感〗

“予独爱莲之出淤泥而不染，濯清涟而不妖，中通外直，不蔓不枝，香远益清，亭亭净植，可远观而不可亵玩焉。”北宋哲学家周敦颐的《爱莲说》，让人们认识到荷花的品格，是至高无上的。

自古以来，荷花是中国文人墨客咏颂的重要题材。周敦颐的散文与李白“清水出芙蓉，天然去雕饰”的诗句，相映成趣。

大学校园不是“世外桃源”，不可避免受到社会不良风气的侵蚀。大学生要有“清水出芙蓉”“出淤泥而不染”、洁身自好的定力。随着人民生活逐渐富裕起来，追求时尚是人之常情。只是不要忘记保持敦厚质朴的本色。

十一 知止不殆

名与身孰亲？身与货孰多？得与亡孰病？

是故甚爱必大费，多藏必厚亡。

知足不辱，知止不殆，可以长久。

——第四十四章

〖今译〗

名誉与人身哪个更亲切？人身与财货哪个更贵重？获得与丧失哪个更有害？

因此，过分爱惜必定付出巨大耗费，过多储藏必定造成惨重损失。

知足不是耻辱，知止不会危殆，这样做可以保持长久。

〖有感〗

适可而止，是一种智慧，也是一种境界。

当止不止，做事过分，过度，过火，是不可取的。做事当止即止，不会带来危险、祸害。

《论语·先进》："子贡问：'师与商也孰贤？'子曰：'师也过，商也不及。'曰：'然则师愈与？'子曰：'过犹不及。'"

子贡问："颛孙师（子张）和卜商（子夏），这两人谁更贤惠？"孔子说："师有些过分，商有些不足。"子贡又问："那是不是师强一些？"孔子说："过分和不足一样，都不好。"师与商，也都是孔子的弟子，师有些狂妄，商有些拘谨。

成语"过犹不及"，体现了孔子主张的中庸之道。

天下有道，却走马以粪。天下无道，戎马生于郊。

祸莫大于不知足，咎莫大于欲得。故知足之足，常足矣。

——第四十六章

〖注释〗

“粪”，古时与“播”通用，播种、耕种的意思。

〖今译〗

天下走上正道，退还给农民的战马用来耕地。天下背离正道，产驹于郊野的母马也用来征战。

最大的祸患是不知满足，最大的罪过是贪得无厌。所以，知道满足的满足，就能永远满足。

〖有感〗

“事能知足心常泰，人到无求品自高。”这是清代陈伯崖撰的一副对联。上联是说，做事要能知足，心里就会经常快乐；下联是说，做人没有贪求，品德就能自然提高。“无求”，不是说没有理想追求，而是指对个人功名利禄的淡泊。

老子所说“知足之足，常足矣”，寓意深刻。知足的人，才能经常感到满足，从而心境快乐。只有懂得“知止不殆”，才能做到“知足常乐”。

始制有名。名亦既有，夫亦将知止。知止可以不殆。

——第三十二章（摘录）

〖今译〗

开始建制运作就有了各种名称，名称既然有了，也要知道适可而止。知道适可而止，可以不发生危险。

〖有感〗

“靡不有初，鲜克有终。”出自《诗经·大雅》。意思是，万事都有个开头，但却少有终了的。这是告诫人们，做事要善始善终，不要半途而废。

《诗经》是中国第一部诗歌总集，也是中华传统文化的经典。流传至今，已有两千多年的历史。孔子说：“《诗》三百，一言以蔽之，曰：‘思无邪’。”又说：“不学《诗》，无以言。”可见《诗经》的重要价值。

民族复兴，是中国人民百余年来为之奋斗的美好梦想。今天已经前所未有地临近，一定要不忘初心，牢记使命。

天下有始，以为天下母。既得其母，以知其子。既知其子，复守其母，没身不殆。

——第五十二章（摘录）

〖今译〗

天下事物都有其初始，作为天下事物的本源。既已掌握它的本源，就能认识事物。既已认识事物，又回过头来守住它的本源，终身就不会有危险。

〖有感〗

天下万物都有个开始，有个最初的状态。“母”是根，万物的本源；“子”是枝叶，即万物。只有不忘本根，守住本根，才能保持万物的继续存在发展，而不出现危险祸害。

牢记本根，也就是不忘初心。中国共产党从诞生以来，始终不忘建党的宗旨和目标，终于依靠广大人民，使中国站起来，富起来，正在强起来。

青年要把个人前途与国家命运结合起来，创造光辉的未来。

知人者智，自知者明。

胜人者有力，自胜者强。

知足者富。

强行者有志。

不失其所者久。

死而不亡者寿。

——第三十三章

〖今译〗

了解别人的人是“智”，了解自己的人是“明”。

战胜别人的人是有力，战胜自己的人是坚强。

知足的人富有。

坚强行动的人有志气。

不离失初心的人能长久。

身死而精神不朽的人是长寿。

〖有感〗

富裕与贫穷是相对的。知足，才能感受自己生活的富裕，从而幸福快乐；不知足，就会永远觉得自己生活在贫穷中，以致郁郁寡欢。

“知足者富”所指的“富”，不仅是物质生活的富裕，更重要的是精神层面的富裕。精神上的空虚贫乏，是最可怕、最可悲的。

知常容，容乃公，公乃王，王乃天，天乃道，道乃久，没身不殆。

——第十六章（摘录）

〖今译〗

认识常，才能包容；能包容，才能公允；公允，才能担当首领；担当首领，才顺应自然；顺应自然，才符合道；符合道，才能长久，终身不遭危险。

〖有感〗

“一纸书来只为墙，让他三尺又何妨？长城万里今犹在，不见当年秦始皇。”

清康熙年间，礼部尚书张英在安徽桐城的老家，与吴家为邻。两家宅邸之间有一通道。吴家建房，要占用这块空地，张家不同意，双方将官司打到当地县衙门。因为两家都是名门望族，县里不好处理。其间，张家人写信，给在北京当大官的张英，要他出面干预。张英在回信中，写了这四句诗。家人明白其中道理，主动谦让；吴家深受感动，也让出三尺房基地。这样就形成了一个六尺的巷子。

“六尺巷”的佳话，流传至今。经整修后，现在桐城六尺巷口，一块巨石上，镌刻着这四句诗。这个故事寓意是多方面的，既说明谦让的重要性，又说明为官必须廉洁，还说明家书家教的作用，也说明“容乃公”，对人宽容，才能公正。

十二 不言之教

天下之至柔，驰骋天下之至坚。无有入无间，吾是以知无为之有益。不言之教，无为之益，天下希及之。

——第四十三章

〖今译〗

天下最柔弱的东西，能驾驭天下最坚强的东西。无形的力量能穿入没有间隙的物体。所以，我得以知道不妄为的有益。

不言说的教导，不妄为的益处，天下很少能做到的。

〖有感〗

老子反复倡导“不言之教”，即身教。以身作则的教化作用，胜过千言万语。

子曰：“其身正，不令而行；其身不正，虽令不从。”（《论语·子路》）“苟正其身矣，于从政乎何有？不能正其身，如正人何？”（《论语·子路》）自身端正，是最有权威的命令；自身不端正，怎能教育别人端正？

身教胜于言教。儒道相通，此又一例。

是以，圣人处无为之事，行不言之教；万物作焉而不为始，生而不有，为而不恃，功成而弗居。夫唯弗居，是以不去。

——第二章（摘录）

〖今译〗

因此，有道的人以不妄为的原则去处理事，以不言说的方法去教导人；万物运作而不加干预，生养万物而不据为己有，有所作为而不自恃己能，功业成就而不居功自傲。因为不居功自傲，所以功绩不会失去。

〖有感〗

“师者，所以传道受业解惑也。”（韩愈《师说》）今天看来，传道，即传播真理，进行思想政治教育；受业，即授予学业，教给知识与技能；解惑，即解释疑惑，回答学生提出的问题。

青年学生要善于全面领会老师的教诲。其中，既包括老师的言传，也包括老师的身教。

勇于敢则杀，勇于不敢则活。此两者，或利或害。天之所恶，孰知其故？是以圣人犹难之。

天之道，不争而善胜，不言而善应，不召而自来，绰然而善谋。

天网恢恢，疏而不失。

——第七十三章

〖注释〗

“婵（chǎn）”，缓慢。

“恢”，宏大，广大。

〖今译〗

勇于刚强则死，勇于柔弱则活。这两种勇，有的得利，有的受害。天所厌恶的，谁知道是什么缘故？所以，有道的人也为难。

自然规律，是不争而善于获胜，不说而善于回应，不召而自动到来，从容而善于谋划。

天网广阔无边，稀疏而不漏失。

〖有感〗

“国将兴，必贵师而重傅。”“国将衰，必贱师而轻傅。”（《荀子·大略》）国家将要兴盛时，一定尊敬老师而重视师傅；国家将要衰亡时，一定鄙视老师而轻视师傅。

当今大力倡导尊师重道，广泛宣传大国工匠，正是国家昌盛、民族复兴的体现和需要。

知者不言，言者不知。

塞其兑，闭其门，挫其锐，解其纷，和其光，同其尘，是谓玄同。

故不可得而亲，不可得而疏，不可得而利，不可得而害，不可得而贵，不可得而贱。故为天下贵。

——第五十六章

〖注释〗

“兑（duì）”，口，洞。

〖今译〗

有智慧的人不多说，多说的人没有智慧。

塞住孔窍，关闭大门，不露锋芒，超脱纠纷，和煦光焰，混同垢尘，这就叫“玄同”。

因此，这样没有亲，没有疏，没有利，没有害，没有贵，没有贱。所以为天下所尊贵。

〖有感〗

“知者不言，言者不知。”老子这句话，说的是“智慧”与“言辞”的关系。足智多谋者往往少言辞，善言辞者未必真有智慧。

当今时代，国与国之间竞争日益激烈，都非常重视智库的建设。这需要长期的努力积累，而不能只重言说。

多言数穷，不如守中。

——第五章（摘录）

〖今译〗

言说多了，就会加速走向穷尽；不如持守适中。

〖有感〗

孔子说：“君子欲讷于言而敏于行。”（《论语·里仁》）又说：“君子耻其言而过其行。”（《论语·宪问》）提倡言行一致，少说多做；反对言行不一，言过其行。这是中华文化的优良传统。

为人处世要养成谨言慎行、少说多做的作风和习惯，避免夸夸其谈，言行脱节。

信言不美，美言不信。

——第八十一章（摘录）

〖**今译**〗

真实的言辞不华美，华美的言辞不真实。

〖**有感**〗

子曰：“巧言令色，鲜矣仁。”（《论语·学而》）巧言，花言巧语；令色，伪善脸色；鲜，少；仁，爱。孔子告诫弟子，善于花言巧语、伪装和颜悦色的人，缺少仁爱之心。孔子还说：“巧言乱德。”花言巧语足以败坏道德。

口才、辩才，是重要的。但要“听其言而观其行”（《论语·公冶长》），听了别人讲的，不仅要想想他们说的是否真有道理，还要看看他们所说的是否付诸行动。切忌轻易相信那些口若悬河、花言巧语者的漂亮话，谨防受骗上当。

悠兮其贵言。

——第十七章（摘录）

〖今译〗

（最好的统治者）悠然啊，珍贵自己的言说。

〖有感〗

“空谈误国，实干兴邦。”这是历史经验的总结。魏晋时期，一度“清谈”成风。明末清初思想家顾炎武批评两晋亡于清谈，故有“清谈误国”之说。

国家的富强兴旺，要靠广大人民长期的艰苦努力，踏实苦干，才得以实现。古今中外，莫不如此。中国社会主义建设取得的伟大成就，是中国人民干出来的。

那种滔滔不绝，坐而论道，口头上的巨人，行动中的矮子，误国误事，误己误人，不可取。

十三 功成身退

持而盈之，不如其已。揣而锐之，不可常保。金玉满堂，莫之能守。富贵而骄，自遗其咎。功成身退，天之道。

——第九章

〖今译〗

要求盈满，不如适可而止。毕露锋芒，锐气难保久长。金玉满堂，莫能守藏。富贵而骄，自招祸殃。功成身退，天道恒常。

〖有感〗

“芳林新叶催旧叶，流水前波让后波。”这是唐代大诗人李商隐悼念亡友的著名诗句。美丽树林里新长的叶子，催换陈旧的叶子；奔流江水中前面的波浪，让给后面的波浪。诗人以生动的形象，表达“新陈代谢”的自然规律。

“功成身退”是“天之道”，永恒的规律，每个人都应有这样的高度自觉。

天之道，其犹张弓欤？高者抑之，下者举之；有余者损之，不足者补之。

天之道，损有余而补不足。人之道则不然，损不足以奉有余。

孰能有余以奉天下？唯有道者。

是以圣人为而不恃，功成而不处，其不欲见贤。

——第七十七章

〖今译〗

自然规律，不就像拉开的弓吗？高了压低，低了举高；有余的减少，不足的补充。

自然规律，减少有余而补充不足。人间准则，则与此不同，减少不足以供奉有余。

谁能用有余以供奉天下？唯有有道的人。

所以，有道的人有所作为而不自恃己能，功成而不居功，不想表现自己的贤能。

〖有感〗

“在科学的道路上没有平坦的大道，只有不畏艰险沿着陡峭山路向上攀登的人，才有希望达到光辉的顶点。”（马克思）

“为而不恃，功成而不处”，不满足已具备的才能，不陶醉已取得的成就，坚韧不拔，勇攀高峰，才能为国家、为社会建功立业，做出新的更大贡献。

万物恃之而生而不辞，功成不名有。

——第三十四章（摘录）

〖今译〗

万物依靠它生存而不推辞，取得成功却不说是谁的功劳。

〖有感〗

“海阔凭鱼跃，天高任鸟飞。”已成为耳熟能详的诗句。大自然的广阔无际，为各种各样的鱼类和鸟类，提供充分自由的活动空间。

改革开放的不断深化，为中国青年提供了越来越能够施展聪明才智的广阔天地。只要有远大的志向，宽阔的胸怀，淡泊功名利禄，不计个人得失，就能够超越自己、超越前人、创造创新。

是以，圣人处无为之事，行不言之教；万物作焉而不为始，生而不有，为而不恃，功成而弗居。夫唯弗居，是以不去。

——第二章（摘录）

〖今译〗

因此，有道的人以不妄为的原则去处理事，以不言说的方法去教导人；万物运作而不加干预，生养万物而不据为己有，有所作为而不自恃己能，功业成就而不居功自傲。因为不居功自傲，所以功绩不会失去。

〖有感〗

“风雨送春归，飞雪迎春到。已是悬崖百丈冰，犹有花枝俏。俏也不争春，只把春来报。待到山花烂漫时，她在丛中笑。”

毛泽东的这首《卜算子·咏梅》，表现了梅花的高尚品德。梅花在风雪严寒中独自开放。她预报春天即将来到，不争功邀赏；她笑迎山花竞相开放，不居功自傲。

中国自古以来咏颂梅花的诗词，多不胜数。毛泽东的这首词，正表现了梅花“为而不恃，功成而弗居”的精神。

悠兮其贵言。功成事遂，百姓皆谓：“我自然。”

——第十七章（摘录）

〖今译〗

（最好的统治者）悠然啊，珍贵自己的言说。事情办成功了，百姓都说：“我们自然而然就是这样的。”

〖有感〗

西晋文学家左思，曾任秘书郎。在其代表作《咏史》（见《古诗源》）中，有这样的诗句：“功成不受爵，长揖归田庐。”（其一）“功成耻受赏，高节卓不群。”（其三）功成名就，却谢绝接受官爵和赏赐，情愿回归自己的田园庐舍，保持固有的高风亮节。

十四 上善若水

上善若水。水善利万物而不争，处众人之所恶，故几于道。

居善地，心善渊，与善仁，言善信，政善治，事善能，动善时。

夫唯不争，故无尤。

——第八章

〖今译〗

最高尚的善像水一样。水善于滋润万物为其谋利而不与万物相争，处于众人所厌恶的地方，所以最接近于道。

居住善于选择地方，心胸善于保持沉静，对人善于仁爱相待，言辞善于坚守诚信，为政善于全面治理，办事善于发挥效能，行动善于把握时机。

正因为不与万物相争，所以没有怨尤。

〖有感〗

水，每人每天离不开的最平常的东西。老子用水的特性阐释他的理念，贴近生活，贴近百姓，值得好好思考。

老子列举水有“七善”：水去谁都不愿去的地方，“居善地”；水滋润万物却心如深渊般平静，“心善渊”；水以仁爱之心待人，“与善仁”；水说到做到，“言善信”；水善于为政，“政善治”；水善于处事，“事善能”；水善于待机而动，“动善时”。

“水善利天下而不争”，概括了水的“善”与“德”，即“不争之德”。

江海之所以能为百谷王者，以其善下之，故能为百谷王。

是以欲上民，必以言下之；欲先民，必以身后之。

是以圣人处上而民不重，处前而民不害。是以天下乐推而不厌。

以其不争，故天下莫能与之争。

——第六十六章

〖今译〗

江海之所以能成为许多河川汇入的地方，是因为它善于处在低下的位置，所以能为许多河川所汇入。

所以要想居于民众之上，必须在言辞中对他们表示谦下；要想居于民众之先，必须把自身置于民众之后。

因此，有道的人居于上位而民众不负重在身，处于前面而民众不身受其害。因此，天下乐于推崇而不厌弃。

因为他不与人相争，所以天下没有人能与他争。

〖有感〗

“好雨知时节，当春乃发生。随风潜入夜，润物细无声。”杜甫《春夜喜雨》这首五言绝句，把春雨拟人化，好似富有情感地滋润万物，及时、细腻而又无声无息。这样的“及时雨”，正体现了“心善渊”“与善仁”“言善信”“事善能”“动善时”等的“水德”。

师爱正如春风化雨般，滋润学生的心田，使他们茁壮成长。要让尊师爱生成为校园文化永不凋谢的花朵。

天下莫柔弱于水，而攻坚强者莫之能胜，其无以易之。

——第七十八章（摘录）

〖今译〗

天下没有比水更柔弱的，而攻击坚强的力量没有胜过水的，因为没有什么能替代它。

〖有感〗

水没有固定的形状，就方即方，就圆即圆。柔弱是水的特性。柔弱之德，是水德的重要方面。

然而，“滴水穿石”，点点滴滴的水，可以穿透坚硬的石头；“洪水猛兽”，洪水的威力，远远超过凶猛的野兽。这又表明，水有多么坚强！老子所说“柔弱胜刚强”，是无数事实证明了的真理。

天下之至柔，驰骋天下之至坚。无有入无间。

——第四十三章（摘录）

〖今译〗

天下最柔弱的东西，能驾驭天下最坚强的东西。无形的力量能穿入没有间隙的物体。

〖有感〗

“水能载舟，亦能覆舟。”唐太宗李世民总结历史经验得出的著名论断，说明民心向背对为政者的极端重要性。

舟与水的比喻，更早见于《荀子·哀公》。在与鲁哀公对话时，孔子说：“且丘闻之：‘君者舟也，庶人者水也。水则载舟，水则覆舟，君以此思危，则危将焉而不至矣？’”君主是舟，百姓是水。水能载舟，也能覆舟。您由此思考危险，那么危险怎会不来呢？

不论何人、何时、何地，都要心系百姓，依靠百姓。

譬道之在天下，犹川谷之于江海。

——第三十二章（摘录）

〖今译〗

道存在于天下，犹如河川流向江海。

〖有感〗

“泰山不让土壤，故能成其大；河海不择细流，故能就其深。”（李斯《谏逐客书》）

战国七雄争霸时期，针对有人提出驱逐六国客居人士的主张，李斯在给秦王的书信中，写下这段名言。意思是，泰山不排斥细土碎石，所以能高大；河海不拒绝细小流水，所以能渊深。如果下令逐客，实际上是帮助敌国。秦王采纳了李斯的建议，对于后来秦始皇统一中国，起了极为重要的作用。

宽广的胸怀、容人的气量，对国家、对企业、对学校、对个人，都是关乎成就大业的问题。

十五 上德若谷

上士闻道，勤而行之；中士闻道，若存若亡；下士闻道，大笑之。不笑不足以为道！

故建言有之：“明道若昧，进道若退，夷道若纇。上德若谷。大白若辱，广德若不足，建德若偷，质真若渝，大方无隅，大器晚成，大音希声，大象无形。”

道隐无名。夫唯道，善贷且成。

——第四十一章

〖今译〗

上士听了道，勤恳去实行；中士听了道，将信将疑；下士听了道，哈哈大笑。不被人嘲笑就不足以成其道！

所以，有人立言说：“明亮的道好似暗昧，前进的道好似后退，平坦的道好似崎岖。高德好似低谷，白净好似污辱，广大的德好似不足，刚健的德好似懦弱，质性纯真好似庸俗。最方正的东西没有棱角，最大的器物最后完成，最大的音响少有声，最大的物象没有形。”

道幽隐没有名称。唯有道，善于帮助万物且使其大功告成。

〖有感〗

老子多以川谷为喻，说明他的哲理。如“譬道之在天下，犹川谷之于江海”。（第三十二章）“谷”，两山之间有出口的狭长地带，是河川流经之地。“上德若谷”，最高尚的道德，就像川谷那样虚空、谦下、幽静而深邃。

“云山苍苍，江水泱泱，先生之风，山高水长。”北宋范仲淹的《严先生祠堂记》，以此赞扬东汉严子陵的“高风亮节”。这正符合老子所说“上德若谷”的寓意。

中国自古以来就是一个崇尚道德的国家。立德树人，是教育的根本任务。

善建者不拔，善抱者不脱，子孙以祭祀不辍。

修之于身，其德乃真；修之于家，其德乃余；修之于乡，其德乃长；修之于国，其德乃丰；修之于天下，其德乃普。

故以身观身，以家观家，以乡观乡，以国观国，以天下观天下。吾何以知天下然哉？以此。

——第五十四章

〖今译〗

善于建树者不会动摇，善于抱持者不会失脱，子孙后代的祭祀永不断绝。

把这个道理用于修身，他的德就会真诚；用于家庭，他的德就会丰余；用于乡里，他的德就会长久；用于国家，他的德就会丰盛；用于天下，他的德就会普遍。

所以，要从自身观察自身，从家庭观察家庭，从乡里观察乡里，从国家观察国家，从天下观察天下。我如何来观察天下呢？就是用这个道理。

〖有感〗

“古之欲明明德于天下者，先治其国；欲治其国者，先齐其家；欲齐其家者，先修其身；欲修其身者，先正其心；欲正其心者，先诚其意；欲诚其意者，先致其知。致知在格物。”（《大学》）古代想要在天下弘扬光明正大品德的人，都必须从修身做起，然后才能齐家，治国，平天下。

“修，齐，治，平”的每一步，都是德的发扬光大，而以修身为本。古代先贤这些教诲，仍有其当代价值，值得每个人思考、参照。

治人事天莫若啬。

夫唯啬，是谓早服。早服谓之重积德，重积德则无不克，无不克则莫知其极，莫知其极，可以有国。有国之母，可以长久。是谓深根固柢，长生久视之道。

——第五十九章

〖今译〗

治理人群，事奉上天，没有比吝啬（节俭）更重要的了。

唯有吝啬（节俭），才能早作准备。早作准备就是不断积德。不断积德就能无往不胜。无往不胜就是不可估量。不可估量的威力，可以用来治国；有了治国的根本，可以使国家长久。这就是根深蒂固、长久生存的道理。

〖有感〗

“积德”，积累德行。德见之于行，即德行。

中国自古以来，重视积德行善。积德须行善，行善以积德。人生在世要“重积德”“重行善”，多做有益于他人、有益于社会的事。

一辈子做好事，不做坏事。从我做起，从今天做起。这就是“积德行善”。

治大国若烹小鲜。

以道莅天下，其鬼不神。非其鬼不神，其神不伤人。非其神不伤人，圣人亦不伤人。夫两不相伤，故德交归焉。

——第六十章

〖今译〗

治理大国，就像煎小鱼。

用道治理天下，鬼怪也起不了什么神奇作用；不是鬼怪起不了神奇作用，而是神祇不能伤害人，有道的人也不伤害人。神祇和有道的人两者都不伤害人，所以德交汇回归于民。

〖有感〗

子曰："为政以德，譬如北辰，居其所而众星共之。"（《论语·为政》）以道德治理政事，就会像北极星那样，吸引别的星辰都环绕它。

这个比喻是说，为政者实行德政，关心人民，爱护人民，让人民得到实际利益，就像北极星对众多星体那样，具有吸引力、向心力，人民就会自觉自愿地紧密团结在其周围。

古之善为道者，非以明民，将以愚之。

民之难治，以其智多。

故以智治国，国之贼；不以智治国，国之福。

知此两者亦稽式。常知稽式，是谓玄德。玄德深矣，远矣，与物反矣。然后乃至大顺。

——第六十五章

〖注释〗

“稽（jī）式”，楷式，法式，法则。

〖今译〗

古时善于行道的人，不是用道来使民众聪明，而是用道来使民众愚昧。

民众所以难于治理，是因为他们智慧多。

所以以智治国，是国家的灾难；不以智治国，是国家的福气。

认识这两者的区别是一个范式。永远记住这个范式，就叫作“玄德”。“玄德”深奥啊，久远啊，与事物一同返归真朴，然后就会得到最大的通顺。

善为士者不武；善战者不怒；善胜敌者不与；善用人者为之下。

是谓不争之德，是谓用人之力，是谓配天，古之极。

——第六十八章

〖今译〗

善于为将帅的人，不逞勇武；善于作战的人，不发怒；善于战胜敌人的人，不与其纠缠；善于用人的人，对其谦下。

这就叫不争之德，这就叫用人之力，这就叫配合天道，是自古以来的最高准则。

〖有感〗

老子提出“不争之德”，把“不争”看作“德”。又提出“天之道，不争而善胜。”（第七十三章）“人之道，为而不争。”（第八十一章）。把不争当成“道”，其中含义，值得细致、深入思索。

孔德之容，惟道是从。

——第二十一章（摘录）

〖今译〗

大“德”的容态，惟有“道”是其所遵从。

〖有感〗

“道”是天地万物的根源，事物发展的规律；“德”是“道”的体现，依从于“道”。老子从哲理上，说明“道”与“德”的关系，是其深刻之处。

“孔德之容，惟道是从。”这一精辟论述，当今仍具有重要的现实价值。高尚品德，要有崇高理想信念引领。“道”的迷失，必将导致“德”的缺损。

某些领导干部，曾经为社会做过有益贡献，但由于理想信念丧失，最终走向贪污腐化、生活糜烂，公然挑战道德底线，触犯法律红线。前车之鉴，人人应当记取。

含德之厚，比于赤子。

——第五十五章（摘录）

〖今译〗

含德深厚的人，好比初生婴儿（那样纯洁）。

〖有感〗

“含德之厚，比于赤子”，意思是说，要有像初生婴儿那样纯朴深厚的德性。

《周易·坤》：“地势坤，君子以厚德载物。”君子要像大地那样，有宽容、厚实的道德，能够承载万物。这与老子所说大意相近。

老子所说“人法地”，人效法地，也包含效法大地“厚德载物”的宽容大度。

大小多少，报怨以德。

——第六十三章（摘录）

〖今译〗

大生于小，多起于少，以德回报怨。

〖有感〗

“勿以恶小而为之，勿以善小而不为。惟贤惟德，能服于人。”（《三国志·蜀书·先主传》）这是三国时期刘备去世前，给儿子刘禅遗诏中说的。意思是，不要因为坏事小而去做，不要因为好事小而不做。唯有道德高尚，才能让人信服。这个做人的道理，流传至今。

大善生于小善，大恶起于小恶。于细微处见精神。

有德司契，无德司徹。

——第七十九章（摘录）

〖注释〗

“司契”，契，契约，合同。古代契约分成左、右两部分。左契由贷方掌握，即借据；右契由借方掌握。

“司徹”，掌管田租的人。

〖今译〗

有德的人就像持有借据的人那样宽容，无德的人就像掌管税收的人那样苛刻。

善者，吾善之；不善者，吾亦善之；德善。

信者，吾信之；不信者，吾亦信之；德信。

——第四十九章（摘录）

〖今译〗

善良的人，我善待他；不善良的人，我也善待他；这样就使人人向善。

守信的人，我信任他；不守信的人，我也信任他；这样就使人人守信。

〖有感〗

“君子成人之美，不成人之恶，小人反是。”（《论语·颜渊》）成人之美，行善积德；成人之恶，作孽积怨。

行善，是一种美德。要与人为善，善待亲人，善待师长，善待朋友，善待同学。

诚信，是一种美德。要言而有信，信待亲人，信待师长，信待朋友，信待同学。

知其雄，守其雌，为天下豀。为天下豀：常德不离，复归于婴儿。

知其白，守其黑，为天下式。为天下式：常德不忒，复归于无极。

知其荣，守其辱，为天下谷。为天下谷：常德乃足，复归于朴。

朴散则为器，圣人用之，则为官长，故大制不割。

——第二十八章

〖注释〗

“忒（tè）”，差错。

〖今译〗

深知雄强，安于雌柔，甘为天下溪流。甘为天下溪流， 常德不离身，复归于婴儿纯真。

深知洁白，安于暗昧，甘为天下范式。甘为天下范式，常德不出错，复归于终极真谛。

深知荣誉，安于屈辱，甘为天下川谷。甘为天下川谷，常德乃充足，复归于素净质朴。

质朴分散变为各种器物，有道的人利用它，成为管理的首长，所以大的管理体制不会割裂。

上德不德，是以有德；下德不失德，是以无德。

——第三十八章（摘录）

〖今译〗

上德的人不自以为有德，所以有德；下德的人不愿失去德的名声，所以没有德。

〖有感〗

“才者，德之资也；德者，才之帅也。”（司马光《资治通鉴·周纪一》）意思是，才是德的支撑，德是才的统帅。

历史经验证明，有德无才，难成大事；有才无德，祸害无穷。因此，必须坚持德才兼备、以德为先的原则。

十六 小国寡民

小国寡民。使有什伯之器而不用；使民重死而不远徙；虽有舟舆，无所乘之；虽有甲兵，无所陈之。使民复结绳而用之。

甘其食，美其服，安其居，乐其俗。邻国相望，鸡犬之声相闻，民至老死不相往来。

——第八十章

〖今译〗

国家要小，民众要少。即使有各种各样的器物并不使用，使民众重视死亡而不迁徙远方。虽有舟船车辆，没有什么需要用它乘载；虽有铠甲兵器，没有什么需要将它陈列。使民众回复到结绳记事的状况。

甘甜的饮食，华美的服装，安适的居室，快乐的习俗。邻国互相望得见，鸡鸣犬吠之声互相听得见，民众直至老死不相往来。

〖有感〗

“甘食”“美服”“安居”“乐俗”，是中国自古以来的社会理想，用今天的话说，就是让人民吃好，穿好，住好，快乐。老子提出“小国寡民”“鸡犬之声相闻，老死不相往来”，反映了对当时社会的不满。

当今中国，要解决好民生问题，让百姓安居乐业，必须坚持中国特色社会主义道路。

治大国若烹小鲜。

——第六十章（摘录）

〖今译〗

治理大国，就像煎小鱼。

〖有感〗

老子极为关心国家治理，并提出了自己的一套主张。“治大国若烹小鲜”即其一。对此，历来有不同评说。

小鲜，即小鱼，皮嫩肉细。烹调时，翻弄多了，易于碎乱。烹饪是一种技术，也是一种艺术。治理大国，既要有长远战略规划，又要有具体周密安排，要像烹调小鱼那样细致耐心，切不可粗心大意，来回折腾。这正是老子“道法自然”“无为而无不为”理念的具体体现。

学习、工作不也同样要有这种精神吗！？

以正治国，以奇用兵，以无事取天下。

吾何以知其然哉？以此：天下多忌讳，而民弥贫；民多利器，国家滋昏；人多伎巧，奇物滋起；法令滋彰，盗贼多有。

故圣人云："我无为而民自化，我好静而民自正，我无事而民自富，我无欲而民自朴。"

——第五十七章

〖今译〗

以正规的办法治国，以奇异的谋略用兵，以不扰民的原则治理天下。我何以知道是这样的？以此为据：天下禁忌越多，民众越贫困；民众利器越多，国家越昏乱；人们技巧越多，奇怪事物越滋生；法令越明细，盗贼越增多。

所以，有道的人说："我不妄为，民众自然归化；我好安静，民众自然端正；我不生事，民众自然富足；我无贪欲，民众自然淳朴。"

〖有感〗

老子主张"我无为而民自富"，是说治理国家只要不胡作妄为，按规律、规则办事，人民就会自己富裕起来。

"凡治国之道，必先富民。"（《管子·治国第四十八》）春秋时期齐国著名政治家管仲的这句名言，今天仍有重要价值。民富与国强，相辅相成。民富是根本，是基础。民富要靠广大人民的自觉努力和自主创新。

富强作为社会主义核心价值观的首要内容，正是对历代先贤富民强国思想的传承发展。

大国者下流，天下之交，天下之牝。牝常以静胜牡，以静为下。

故大国以下小国，则取小国。小国以下大国，则取大国。故或下以取，或下而取。

大国不过欲兼畜人，小国不过欲入事人。夫两者各得所欲，大者宜为下。

——第六十一章

〖今译〗

大国要居于江河的下流，天下的交汇点，天下雌柔的位置。雌柔总是以清静胜过雄强，因为它清静而又能处于下位。

所以，大国对小国谦下，则能取信于小国；小国对大国谦下，则能求容于大国。

所以，或者谦下以取信，或者谦下而求容。大国不过想要统领小国，小国不过想要求容大国。这样两者都能各自得所欲。大国应当谦下。

是以圣人云："受国之垢，是谓社稷主；受国不祥，是为天下王。"

——第七十八章（摘录）

〖今译〗

所以有道的人说：“承受全国的屈辱，称得上国家的君主；承受全国的灾祸，称得上天下的君王。”

〖有感〗

“风声雨声读书声声声入耳，家事国事天下事事事关心”这副对联，是明万历三十二年（公元1604年），著名学者、东林党领袖顾宪成所撰。

上联写风雨天读书，读书声与风声、雨声互相交织；五个“声”字连用，生动形象；下联写读书人情怀，家事与国事、天下事融为一体，五个“事”字叠加，意境深刻。今天走进无锡东林书院，仍可看见这副对仗工整、别具一格的对联。

胸怀家国，是中国知识分子的优良传统。

国之利器不可以示人。

——第三十六章（摘录）

〖今译〗

国家的利器不能展示于人。

〖有感〗

“利器”，锐利的器具。“国之利器”，有不同解释。有的说指国家的威力、权谋，有的作更宽泛的理解，包括国家机密。

在当今复杂多变的国际环境中，高新科技广泛运用的情况下，世界各国都在大力加强对国家科技、军事、经济、政治机密的保护。这无疑是极其重要的。

用兵有言："吾不敢为主，而为客；不敢进寸，而退尺。"是谓行无行，攘无臂，扔无敌，执无兵。

祸莫大于轻敌，轻敌几丧吾宝。

故抗兵相加，哀者胜矣。

——第六十九章

〖今译〗

用兵人说："我不敢取攻势，而取守势；不敢前进一寸，而宁愿后退一尺。"这就叫摆出好像没有阵势的阵势，举起好像没有臂膀的臂膀，面对好像没有敌人的敌人，手执好像没有武器的武器。

祸害莫大于轻敌，轻敌将丧失我的"三宝"（三宝，见第 290 页）。

所以，势均力敌的两军对垒，哀痛悲愤者胜。

〖有感〗

"祸莫大于轻敌"的警句，显示老子的智慧。

打仗最大的危害是轻敌，而骄傲往往导致轻敌。因此，"哀兵者胜""骄兵必败"。

轻视敌人，战争中必将带来巨大的灾祸损失。

轻视困难，做事情也将带来意外的挫折祸患。

十七 多不神怨

将欲取天下而为之，吾见其不得已。天下神器，不可为也。为者败之，执者失之。

故物或行或随；或嘘或吹；或强或羸；或载或隳。是以圣人去甚，去奢，去泰。

——第二十九章

〖注释〗

“羸（léi）”，瘦弱。

“隳（huī）”，毁坏。

〖今译〗

想要治理天下而强作妄为，我看他是不能达到目的的。“天下”是个神奇的东西，不可强作妄为。强作妄为的人必将失败，把持的人必将丢失。

所以，事物有的行前，有的随后；有的轻嘘，有的急吹；有的健强，有的羸弱；有的安稳，有的全毁。因此，有道的人去除极端、奢侈、过分。

〖有感〗

“天下”是神圣和至高无上的，中国历代知识分子都对其抱有一种高度的责任感。

“天下兴亡，匹夫有责”，这句广为流传的名言，源自顾炎武《日知录·正始》：“保天下者，匹夫之贱，与有责焉耳矣。”后来由梁启超概括而成。这也是中国近代大学教育的优良传统。

“同学们！大家起来，担负起天下的兴亡！”20世纪30年代，由田汉作词、聂耳谱曲的《毕业歌》，唱出了民族危亡之际中国青年学生的心声。当代大学生同样要有这样的精神和气概。

宠辱若惊，贵大患若身。

何谓宠辱若惊？宠为下，得之若惊，失之若惊，是谓宠辱若惊。

何谓贵大患若身？吾所以有大患者，为吾有身，及吾无身，吾有何患？

故贵以身为天下，若可寄天下；爱以身为天下，若可托天下。

——第十三章

〖今译〗

得宠、受辱就像受惊那样惶惶不安，对大患就像对自己身体那样贵重。

什么叫受宠若惊？受宠的位置居下，得到它惊惶不安，失去它也惊惶不安，这就叫宠辱若惊。

什么叫大患若身？我所以有大患，是因为我有这个身体，如果没有这个身体，我又会有什么患呢？

所以，像贵重自己身体那样去为天下，才可以把天下寄予他；像爱护自己身体那样去为天下，才可以把天下托付他。

〖有感〗

“可寄天下”“可托天下”，意思是要让人感到可以寄托天下的重任。只有“贵身”“爱身”“修身”，才能做到“以天下为己任”。

大学时代，要珍惜寸阴，刻苦学习，锻炼身体，努力做到德智体美劳全面发展。

执大象，天下往。往而不害，安平泰。

乐与饵，过客止。道之出口，淡乎其无味，视之不足见，听之不足闻，用之不足既。

——第三十五章

〖今译〗

手执大道的人，天下人都归往。归往而不互相伤害，大家都平安康泰。

音乐和美食，使过客止步。道说出口来，平淡而无味，看它看不见，听它听不到，用它用不完。

〖有感〗

“天下”，就语义而言，指“普天之下”。

“天下国家”观念，在中国源远流长，根深蒂固。孟子曰：“人有恒言，皆曰，‘天下之本在国，国之本在家，家之本在身。’”（《孟子·离娄上》）意为天下的基础是国，国的基础是家，家的基础是个人。显然，当时所说的天下包括所有的国家。

“天下”在不同语境下，所指有所不同。梁启超所说“天下兴亡，匹夫有责”，《毕业歌》所说“担负起天下的兴亡”，指的是国家。

天下皆谓我道大，似不肖。夫唯大，故似不肖。

若肖，久矣其细也夫！

我有三宝，持而保之。一曰慈，二曰俭，三曰不敢为天下先。

慈，故能勇；俭，故能广；不敢为天下先，故能成器长。今舍慈且勇，舍俭且广，舍后且先，死矣！夫慈，以战则胜，以守则固。天将救之，以慈卫之。

——第六十七章

〖今译〗

天下人都说我的道广大，似乎不像任何具体东西。正因为它广大，所以似乎不像任何具体东西。

若它像任何具体东西，它早就细小了！

我有三种宝贝，持守而保有着它。一叫慈爱，二叫俭吝，三叫不敢居天下人的前面。

慈爱所以能勇猛；俭吝所以能宽广；不敢居天下人的前面，所以能成为器物的首长。现今舍弃慈爱而求勇猛，舍弃俭吝而求宽广，舍弃退后而求争先，死路一条！慈爱，用于战争就能胜利，用于守护就能巩固。天要救助谁，就用慈爱来护卫谁。

〖有感〗

“不敢为天下先”是老子对为政者提出的守则，也就是按规律、规则办事，不要争先恐后地去妄自作为。这和老子所倡导的“道常无为而无不为”“以其不争，故天下莫能与之争”，是一脉相承的。这就要求，不为个人争名夺利，“以百姓心为心”。

当今时代，青年要奋发有为，勇于创造，为实现中华民族伟大复兴中国梦，顺应时代潮流，敢为天下先。

吾言甚易知，甚易行。天下莫能知，莫能行！

言有宗，事有君。夫唯无知，是以不我知。

知我者希，则我者贵。是以圣人被褐怀玉。

——第七十章

〖今译〗

我的话很容易明白，很容易实行。天下没人能明白，没人能实行。

说话有宗旨，做事有依据。正因为无知，所以不了解我。

了解我的人很少，取法我的人难得，所以有道的人穿着粗衣，怀抱美玉。

〖有感〗

老子发出“天下莫能知，莫能行”的感叹，具有普遍意义和现实意义。

“山不厌高，水不厌深，周公吐哺，天下归心。”这是曹操《短歌行》中的诗句。周公像高山不厌土石、大海不厌细流那样，礼贤下士，广纳人才。进食时有客来到，马上吐出去接待客人，因而天下人心归向。

重视知识，重视人才的道理，不难懂，不难行，许多人却没弄懂，没实行。类似现象，俯拾即是，当引为戒。

夫唯兵者不祥之器，物或恶之，故有道者不处。

君子居则贵左，用兵则贵右。兵者不祥之器，非君子之器，不得已而用之，恬淡为上。胜而不美。而美之者，是乐杀人。夫乐杀人者，则不可得志于天下矣。

吉事尚左，凶事尚右。偏将军居左，上将军居右，言以丧礼处之。

杀人之众，以悲哀涖之；战胜以丧礼处之。

——第三十一章

〖今译〗

战争是不祥的东西，谁都厌恶它，所以有道的人不接近它。

君子平时以左为贵，用兵时则以右为贵。战争是不祥的东西，不是君子用的东西。不得已时才用它，淡然处之是上策。战胜了不要美滋滋的。如果美滋滋的，就是以杀人为乐。以杀人为乐的人，是不可能在天下取得成功的。

吉庆的事以左为上。凶丧的事以右为上。偏将军在左边，上将军在右边，这是说打仗按丧礼的仪式处理。

杀人众多，以悲痛心情参加；战争取胜，按丧礼仪式处理。

取天下常以无事，及其有事，不足以取天下。

——第四十八章（摘录）

〖今译〗

治理天下要经常清静不扰攘，到了事情紧迫非处理不可的地步，就不配治理天下了。

〖有感〗

“大道之行也，天下为公。选贤与能，讲信修睦。故人不独亲其亲，不独子其子。使老有所终，壮有所用，幼有所长，矜、寡、孤、独、废疾者皆有所养。”“天下为公”是中华传统文化的核心理念之一。早在两千多年前，《礼记·礼运》就对大同社会作了堪称经典的描述。直到近代，孙中山提出三民主义，即民族主义、民权主义和民生主义，并明确指出，民生主义“即大同主义”。中国共产党的共产主义理想，是在马克思主义指导下，对中国“天下为公”思想的进一步传承、发展。

圣人在天下，歙歙为天下浑其心，百姓皆注其耳目，圣人皆孩之。

——第四十九章（摘录）

〖今译〗

有道的人治理天下，收敛自己而使天下人心浑朴，使百姓都专注他们自己的耳目，有道的人像孩童般地看待他们。

〖有感〗

“各美其美，美人之美，美美与共，天下大同”，是著名学者费孝通对文化自觉历程所作的概括。意思是，各个国家民族的人民，首先要看到自己文化之美，也要看到其他文化的美，进一步还要美美与共，即不同文化的人们要和平共处，互相交融，共同向“天下大同”的目标前进。

习近平提出的构建人类命运共同体的思想，对于当今推进世界和平发展具有重要意义。

故以身观身，以家观家，以乡观乡，以国观国，以天下观天下。吾何以知天下然哉？以此。

——第五十四章（摘录）

〖今译〗

所以，要从自身观察自身，从家庭观察家庭，从乡里观察乡里，从国家观察国家，从天下观察天下。我如何来观察天下呢？就是用这个道理。

〖有感〗

“以天下观天下”，意思是，要从天下的视角观察天下，而不仅仅从本国的视角观察天下。这对当今正确处理国际关系，具有现实价值。在经济全球化的条件下，你中有我，我中有你，一荣俱荣，一损俱损，牵一发而动全身。各国要共同培育普惠各方的世界大市场，实现互利多赢的共同发展。

建设世界一流大学，要有国际视野，为世界学术文化的沟通交流，做出更大贡献。

以正治国，以奇用兵，以无事取天下。

——第五十七章（摘录）

〖**今译**〗

以正规的办法治国，以奇异的谋略用兵，以不扰民的原则治理天下。

十八 爱民治国

载营魄抱一，能无离乎？专气致柔，能婴儿乎？涤除玄览，能无疵乎？爱民治国，能无知乎？天门开阖，能为雌乎？明白四达，能无为乎？

生之畜之，生而不有，为而不恃，长而不宰，是谓玄德。

——第十章

〖注释〗

“载”，语助词，哉。

“营魄”，魂魄。

〖今译〗

精神与形体合一，能不分离吗？集聚精气致使柔弱，能像婴儿那样吗？洗净杂念深入静观，能无瑕疵吗？爱民治国，能不用智慧吗？开启器官接触外界，能像雌性那样安静柔弱吗？明白四达，能不妄为吗？

让万物生养繁殖，生养万物而不据为己有，维护万物而不自恃有功，带领万物而不主宰。这就是玄妙幽深的德。

〖有感〗

老子早在两千多年前，就明确提出“爱民治国”的理念，极为珍贵。意思是，治理国家首先必须爱护人民。

“民惟邦本，本固邦宁。”（《尚书·五子之歌》）百姓是国家的根本，百姓稳固了，国家才能安宁。这是“以民为本”思想的集中概括。

老子认为，治理国家要自然无为，不要随意干扰百姓。对于如何治理国家，先秦诸子有不同的主张，“以民为本”却是他们的共识。

民不畏死，奈何以死惧之？

若使民常畏死，而为奇者，吾得執而杀之，孰敢？

常有司杀者杀。夫代司杀者杀，是谓代大匠斲。

夫代大匠斲，希有不伤其手者矣。

——第七十四章

〖今译〗

民众不怕死，为什么用死来吓唬他们？

如果民众真的怕死，对于那些为非作歹的人，我可以把他们抓来杀掉，谁还敢再为非作歹？

经常有专管杀人的去执行杀人。代替专管杀人的去执行杀人，这就像代替木匠去砍木材一样。

代替木匠去砍木材，很少有不砍伤自己手的。

民之饥，以其上食税之多，是以饥。

民之难治，以其上之有为，是以难治。

民之轻死，以其上求生之厚，是以轻死。

夫唯无以生为者，是贤于贵生。

——第七十五章

〖今译〗

民众之陷于饥饿，是统治者抽税太多，所以陷于饥饿。

民众之难以管治，是统治者胡作妄为，所以难以管治。

民众之轻易触犯死罪，是统治者追求生活丰厚，所以轻易触犯死罪。

唯有不重视养生的人，比重视养生的人贤明。

〖有感〗

“衙斋卧听萧萧竹，疑是民间疾苦声；些小吾曹州县吏，一枝一叶总关情。”这是清代著名画家郑板桥写的一首题画诗。

郑板桥在山东潍县当知县时，躺在衙斋听到窗外风吹竹叶的声音，联想到百姓饱受饥寒的悲泣声；自己不过是小小的县官，对百姓的一举一动总是满怀关爱之情。诗人表达了对于民间疾苦的深切关怀。这首诗至今仍有重要价值，特别是对扶贫工作，很有启示。

民不畏威，则大威至。

无狎其所居，无厌其所生。

夫唯不厌，是以不厌。

是以圣人自知不自见，自爱不自贵。故去彼取此。

——第七十二章

〖今译〗

民众不怕威压，大乱就将到临。

不要逼使民众无法安居，不要阻塞民众谋生道路。

唯有不压迫民众，民众才不受压迫。

所以，有道的人自知而不自我表现，自爱而不自居高贵。因而，要舍弃后者采取前者。

圣人无常心，以百姓心为心。

善者，吾善之；不善者，吾亦善之；德善。

信者，吾信之；不信者，吾亦信之；德信。

圣人在天下，歙歙为天下浑其心，百姓皆注其耳目，圣人皆孩之。

——第四十九章

〖今译〗

有道的人没有固定不变的心愿，以百姓的心愿为心愿。

善良的人，我善待他；不善良的人，我也善待他；这样就使人人向善。

守信的人，我信任他；不守信的人，我也信任他；这样就使人人守信。

有道的人治理天下，收敛自己而使天下人心浑朴，使百姓都专注他们自己的耳目，有道的人像孩童般地看待他们。

〖有感〗

“以百姓心为心”，就是要心里时刻装着百姓，想百姓之所想，体察民心民意，执政为民。孟子说：“得其民有道：得其心，斯得民矣。”（《孟子·离娄上》）意思是说，得到人民的途径是：得到民心，才能得到人民。只有关心民生，让人民获得实实在在的利益，才能得到民心，得到人民衷心拥护，从而立于不败之地。

中国改革开放之所以获得伟大成功，正因为得到百姓的衷心拥护和积极参与。

其政闷闷，其民淳淳。其政察察，其民缺缺。

——第五十八章（摘录）

〖今译〗

为政宽厚，百姓淳朴。为政严苛，百姓不满。

〖有感〗

孟子说:“乐民之乐者,民亦乐其乐;忧民之忧者,民亦忧其忧。”（《孟子· 梁惠王下》）为政以德，首先要关注民生，与人民同甘苦，共欢乐。北宋范仲淹进一步说：“先天下之忧而忧，后天下之乐而乐。”今天,就要牢固树立全心全意为人民服务思想。

十九 孝道与亲

和大怨，必有余怨，安可以为善？

是以圣人执左契，而不责于人。

有德司契，无德司徹。

天道无亲，常与善人。

——第七十九章

〖注释〗

“司契”，契，契约，合同。古代契约分成左、右两部分。左契由贷方掌握，即借据；右契由借方掌握。

“司徹”，掌管田租的人。

〖今译〗

和解深仇大怨，必有余留的仇怨，怎可以为妥善？

因此，有道的人手执借据存根，而不向人讨还欠债。有德的人就像持有借据的人那样宽容，无德的人就像掌管税收的人那样苛刻。

自然规律无亲疏没偏爱，经常与善人在一起。

〖有感〗

“天道无亲”和“天地不仁”（《老子》第五章）的理念，是一致的。意思是说，自然规律对人是没有亲疏爱憎之分的。“常与善人”也不是说，自然规律对于善人有特殊照顾，而是说，善于按照自然规律去作为的人，大自然就会给予应有的回报。

你遵循自然规律，善待绿水青山，绿水青山也会善待你，成为金山银山。反之，你违背自然规律，亏待绿水青山，绿水青山也会亏待你，变为恶水穷山。

不出户，知天下；不闚牖，见天道。其出弥远，其知弥少。

是以圣人不行而知，不见而明，不为而成。

——第四十七章

〖注释〗

“闚（kuī）牖（yǒu）”，闚，同“窥”；牖，窗户。

〖今译〗

不出大门，能知天下事；不望窗外，能了解自然规律。走得越远，所知越少。

所以，有道的人不行动就能获得知识，不眼见就能明白，不妄为就能成功。

〖有感〗

“不出户，知天下；不闚牖，见天道”，在信息化、数字化、智能化的当今时代，已经越来越成为现实。“千里眼”“顺风耳”，中国古代的这些梦想神话，不也在太空探索中大展身手了吗！？

追梦、圆梦！在中华民族伟大复兴的征程中，青年要勇攀科技高峰，敢于创造、创新。

持而盈之，不如其已。揣而锐之，不可常保。金玉满堂，莫之能守。富贵而骄，自遗其咎。功成身退，天之道。

——第九章

〖今译〗

要求盈满，不如适可而止。毕露锋芒，锐气难保久长。金玉满堂，莫能守藏。富贵而骄，自招祸殃。功成身退，天道恒常。

〖有感〗

子贡曰：“贫而无谄，富而无骄，何如？”子曰：“可也，未若贫而乐，富而好礼者也。”（《论语·学而》）孔子和老子，都反对富裕起来后就骄横跋扈。

老子的批评更加尖锐，“金玉满堂，莫之能守。”“富贵而骄，自遗其咎。”财富堆满一屋，却不能长久保持；富贵了就骄傲，结果自讨苦吃。这种现象，自古至今，屡见不鲜。

人法地，地法天，天法道，道法自然。

——第二十五章（摘录）

〖今译〗

人效法地，地效法天，天效法道，道效法它自己的自然而然。

〖有感〗

“天地有大美而不言，四时有明法而不议，万物有成理而不说。圣人者，原天地之美而达万物之理。是故至人无为，大圣不作，观于天地之谓也。”（《庄子·知北游》）天地有最大的美丽而不言语，四时有分明的法则而不议论，万物有现成的原理而不说话。有道的人，要探究天地的美好，明白万物的原理。所以至人顺应自然，大圣不妄作为，这就是所谓观察效法天地。

庄子这段论述，对于人必须效法天地，作了生动的说明。庄子继承发展了老子哲学，是先秦道家最主要的代表之一。

天网恢恢，疏而不失。

——第七十三章（摘录）

〖注释〗

“恢”宏大，广大。

〖今译〗

天网广阔无边，稀疏而不漏失。

〖有感〗

“天网恢恢，疏而不失”与“天网恢恢，疏而不漏”，意思相同，是说天网广大无边，虽然稀疏，但不会疏失或漏掉每一个作恶的人。

改革开放以来，中国大力加强法治建设。但有法不依、执法不严、违法不究的现象，仍然存在。近年来，跨国追逃取得了节节胜利，使贪赃枉法者无处藏身，难逃法网，大快人心。这有力地印证了老子的预言和洞见。

天之道，其犹张弓欤？高者抑之，下者举之；有余者损之，不足者补之。

天之道，损有余而补不足。人之道则不然，损不足以奉有余。

孰能有余以奉天下？唯有道者。

是以圣人为而不恃，功成而不处，其不欲见贤。

——第七十七章

〖今译〗

自然规律，不就像拉开的弓吗？高了压低，低了举高；有余的减少，不足的补充。

自然规律，减少有余以补充不足。人间准则，则与此不同，减少不足以供奉有余。

谁能用有余以供奉天下？唯有有道的人。

所以，有道的人有所作为而不自恃己能，功成而不居功，不想表现自己的贤能。

〖有感〗

老子主张“损有余而补不足”，反对“损不足以奉有余”，表现出对于贫富不均社会问题的关注。

孔子也提出了自己的看法，说：“不患寡而患不均，不患贫而患不安。盖均无贫，和无寡，安无倾。”（《论语·季氏》）又说：“君子忧道不忧贫。”（《论语·卫灵公》）“君子周急不济富。”（《论语·泰伯》）

孔子与老子都从“道”（规律、规则、道理、道德）的高度，看待贫富问题，指出拉大贫富差距，将会带来社会不安定，认为要按照公平原则去处理。

贫富差距，是古今中外普遍存在的问题。中国在改革开放中，必须也一定能够解决好这个问题。大学生志愿者参加扶贫支教活动，也是为此做出贡献。

二十 为而不争

信言不美，美言不信。

善者不辩，辩者不善。

知者不博，博者不知。

圣人不积，既以为人己愈有，既以与人己愈多。

天之道，利而不害。圣人之道，为而不争。

——第八十一章

〖今译〗

真实的言辞不华美，华美的言辞不真实。

善良的人不巧辩，巧辩的人不善良。

真知的人不广博，广博的人不真知。

有道的人不保留，尽力为人自己愈富有，尽量给人自己愈增多。

自然规律，利物而不害物；有道的人的规则，有所作为而不争夺。

〖有感〗

老子的“为而不争”理念与他的“道法自然”“道常无为而无不为”“为无为，则无不治”的基本精神，是完全一致的。意思是，要按照客观规律办事，而不要违背客观规律，去盲目竞争，争强好胜。

《老子》五千言，从第一章什么是道讲起，到第八十一章最后归结为“圣人之道，为而不争”，绝非偶然。中间讲的“清静为天下正”“柔弱处上”“知止不殆”“功成身退”“上善若水”“上德若谷”等思想，都是不争之道的体现。不论于身、于家、于乡、于国、于天下，都要认识并实践不争之道。

不尚贤，使民不争；不贵难得之货，使民不为盗；不见可欲，使民心不乱。

——第三章（摘录）

〖今译〗

不崇尚贤明能干的人，使民众不去争夺；不珍贵稀有难得的财货，使民众不偷盗；不显现可引起贪欲的事物，使民众的心灵不被扰乱。

〖有感〗

“物竞天择”“优胜劣汰”是自然规律。

老子提出“不争之道”，首先并着重是对为政者讲的。同时，也指出要“使民不争”。

当今时代，国际竞争日益激烈、复杂。特别是在高科技领域中，谁的核心竞争力占据领先地位，谁就取得竞争优势。无论企业、学校、个人都要遵守竞争规则，提高竞争力，才能在竞争中走在前列，并使国家越来越富强。

夫唯不争，故无尤。

——第八章（摘录）

〖今译〗

正因为不与万物相争，所以没有怨尤。

〖有感〗

“夫唯不争，故无尤”，是说不进行违反规律、规则的竞争，就不会有过失、怨恨。

不顾客观规律，不顾公共规则，热衷于盲目无序的竞争，必将带来损失，引起人们抱怨，甚至触犯法律，弄得天怒人怨。古今中外，这样的教训，不胜枚举！

当前，国际国内，各行各业，恶性竞争泛滥成灾，必须引起高度警觉。

曲则全，枉则直，洼则盈，敝则新，少则多，多则惑。是以圣人抱一为天下式。

不自见故明，不自是故彰，不自伐故有功，不自矜故长。

夫唯不争，故天下莫能与之争。古之所谓曲则全者，岂虚言哉！诚全而归之。

——第二十二章

〖今译〗

委曲反能求全，屈枉反能直伸，低洼反能充盈，敝旧反能崭新，少取反能多得，贪多反而困惑。因此，有道的人坚持把“一”（道）作为天下的范式。

不专靠自己的眼睛，所以看得分明；不自以为是，所以功过清楚；不自己夸耀，所以有功；不自高自大，所以当首领。

正因为与世不争，所以天下没有能与他争的。古人所说的“委曲反能求全”，岂是空话呢？的确是能完全实现的。

〖有感〗

“夫唯不争，故天下莫能与之争”这句话极为重要，对老子所倡导“不争之道”的内在本质，作了言简意赅、明确无误的说明。这就是，只有按照客观规律办事，才能达到天下没有谁能够与之争的效果与结局。

可见，老子所说的“不争”，不是一概否定竞争，而是告诫人们不要投身那种无序的竞争。人的精力有限，如果时时事事都争先恐后，必将焦头烂额，一事无成。

天之道，不争而善胜，不言而善应，不召而自来，绰然而善谋。

天网恢恢，疏而不失。

——第七十三章（摘录）

〖注释〗

“缂（chǎn）”，缓慢。

“恢”，宏大，广大。

〖今译〗

自然规律，是不争而善于获胜，不说而善于回应，不召而自动到来，从容而善于谋划。

天网广阔无边，稀疏而不漏失。

〖有感〗

“不争而善胜”，是一种智慧，也是一种境界，体现了老子哲学的高超。所谓“天之道”，不仅在自然界，而且在科技、经济、政治、军事、文化、教育等社会领域，都发生作用。

道理很简单：有所不为，才能有所为；有所不争，才能有所争。毛泽东总结的游击战十六字诀：“敌进我退，敌驻我扰，敌疲我打，敌退我追。”体现了“不争而善胜”的规律，因而取得伟大胜利。

当前，从学前教育开始，直到大学、读博，乃至就业，升迁等，人生路上的压力，令人窒息。把握“不争而善胜”的辩证思维，才能解脱。

是谓不争之德，是谓用人之力，是谓配天，古之极。

——第六十八章（摘录）

〖今译〗

这就叫不争之德，这就叫用人之力，这就叫配合天道，是自古以来的最高准则。

〖有感〗

老子所说“不争之德”，是把不争视为一种高尚品德。

孔子也主张不争。子曰：“君子矜而不争，群而不党。”（《论语·卫灵公》）“矜”，矜持，持重之意。“矜而不争”，保持庄重，却不争名夺利；“群而不党”，善于合群，却不结党营私。

倡导不争，孔子与老子是共同的。区别在于，老子是着重从“圣人之道”讲的，强调竞争要遵循客观规律；孔子则主要就“君子之风”立论，告诫竞争要遵守公共道德。

以其不争，故天下莫能与之争。

——第六十六章（摘录）

〖今译〗

因为他不与人相争，所以天下没有人能与他争。

〖有感〗

“以其不争，故天下莫能与之争。”这就是说，要遵循客观规律，通过放弃某些竞争，以实现“天下莫能与之争”的理想。

“计利当计天下利，求名应求万世名。”这是国民党元老于右任题赠蒋经国的一副对联。1982年，时任全国人民代表大会常委会副委员长的廖承志在致蒋经国的公开信中引用。习近平在《携手建设中国—东盟共同体——在印度尼西亚国会的演讲》等文中也引用。

不争个人名利，把个人理想融入中华民族伟大复兴的中国梦中去，是一种高尚情操。有了这样的思想境界，就能为民族复兴、人类文明，做出更大贡献。

附录一

《老子》全文

〖第一章〗

道可道，非常道；名可名，非常名。

无，名天地之始；有，名万物之母。

故，常无，欲以观其妙；常有，欲以观其徼。

此两者同出而异名。同谓之玄。玄之又玄，众妙之门。

〖第二章〗

天下皆知美之为美，斯恶已；皆知善之为善，斯不善已。

故有无相生，难易相成，长短相形，高下相倾，音声相和，前后相随。

是以，圣人处无为之事，行不言之教；万物作焉而不为始，生而不有，为而不恃，功成而弗居。夫唯弗居，是以不去。

〖第三章〗

不尚贤，使民不争；不贵难得之货，使民不为盗；不见可欲，使民心不乱。

是以圣人之治，虚其心，实其腹，弱其志，强其骨，常使民无知无欲。使夫智者不敢为也。

为无为，则无不治。

〖第四章〗

道冲而用之或不盈。渊兮，似万物之宗。挫其锐，解其纷，和其光，同其尘。湛兮，似或存。吾不知谁之子，象帝之先。

〖第五章〗

天地不仁，以万物为刍狗；圣人不仁，以百姓为刍狗。

天地之间，其犹橐籥乎？虚而不屈，动而愈出。

多言数穷，不如守中。

〖第六章〗

谷神不死，是谓玄牝。玄牝之门，是谓天地根。绵绵若存，用之不勤。

〖第七章〗

天长地久。天地所以能长且久者，以其不自生，故能长生。

是以圣人后其身而身先，外其身而身存。非以其无私邪？故能成其私。

〖第八章〗

上善若水。水善利万物而不争，处众人之所恶，故几于道。

居善地，心善渊，与善仁，言善信，政善治，事善能，动善时。

夫唯不争，故无尤。

〖**第九章**〗

持而盈之，不如其已。揣而锐之，不可常保。金玉满堂，莫之能守。富贵而骄，自遗其咎。功成身退，天之道。

〖**第十章**〗

载营魄抱一，能无离乎？ 专气致柔，能婴儿乎？涤除玄览，能无疵乎？爱民治国，能无知乎？天门开阖，能为雌乎？明白四达，能无为乎？

生之畜之，生而不有，为而不恃，长而不宰，是谓玄德。

〖**第十一章**〗

三十辐共一毂，当其无，有车之用。

埏埴以为器，当其无，有器之用。

凿户牖以为室，当其无，有室之用。

故有之以为利，无之以为用。

〖**第十二章**〗

五色令人目盲，五音令人耳聋，五味令人口爽，驰骋畋猎令人发狂，难得之货令人行妨。

是以圣人为腹不为目，故去彼取此。

〖第十三章〗

宠辱若惊，贵大患若身。

何谓宠辱若惊？宠为下，得之若惊，失之若惊，是谓宠辱若惊。

何谓贵大患若身？吾所以有大患者，为吾有身，及吾无身，吾有何患？

故贵以身为天下，若可寄天下；爱以身为天下，若可托天下。

〖第十四章〗

视之不见，名曰夷；听之不闻，名曰希；搏之不得，名曰微。此三者不可致诘，故混而为一。

其上不皦，其下不昧，绳绳不可名，复归于无物。是谓无状之状、无物之象，是谓惚恍。迎之不见其首，随之不见其后。

执古之道，以御今之有，能知古始，是谓道纪。

〖第十五章〗

古之善为士者，微妙玄通，深不可识。夫唯不可识，故强为之容。

豫焉若冬涉川，犹兮若畏四邻，俨兮其若客，涣兮若冰之将释，敦兮其若朴，旷兮其若谷，混兮其若浊。

孰能浊以止？静之徐清。

孰能安以久？动之徐生。

保此道者不欲盈。夫唯不盈，故能蔽不新成。

〖第十六章〗

致虚极，守静笃。

万物并作，吾以观复。

夫物芸芸，各复归其根，归根曰静，是曰复命。复命曰常，知常曰明。不知常，妄作，凶。

知常容，容乃公，公乃王，王乃天，天乃道，道乃久，没生不殆。

〖第十七章〗

太上，下知有之；其次，亲而誉之；其次，畏之；其次，侮之。信不足焉，有不信焉。

悠兮其贵言。功成事遂，百姓皆谓："我自然。"

〖第十八章〗

大道废，有仁义。

智慧出，有大伪。

六亲不和，有孝慈。

国家昏乱，有忠臣。

〖第十九章〗

绝圣弃智，民利百倍；绝仁弃义，民复孝慈；绝巧弃利，盗贼无有。此三者以为文不足。故令有所属：见素抱朴，少私寡欲。

〖第二十章〗

绝学无忧。唯之与阿，相去几何？善之与恶，相去若何？人之所畏，不可不畏。荒兮，其未央哉！

众人熙熙，如享太牢，如春登台。我独泊兮，其未兆，如婴儿之未孩，儽儽兮，若无所归！

众人皆有余，而我独若遗。我愚人之心也哉，沌沌兮！

俗人昭昭，我独昏昏。俗人察察，我独闷闷。

澹兮，其若海，飂兮，若无止。

众人皆有以，而我独顽似鄙。我独异于人，而贵食母。

〖第二十一章〗

孔德之容，惟道是从。道之为物，惟恍惟惚。

惚兮恍兮，其中有象；恍兮惚兮，其中有物。

窈兮冥兮，其中有精；其精甚真，其中有信。

自古及今，其名不去，以阅众甫。

吾何以知众甫之状哉？以此。

〖第二十二章〗

曲则全，枉则直，洼则盈，敝则新，少则多，多则惑。是以圣人抱一为天下式。

不自见故明，不自是故彰，不自伐故有功，不自矜故长。

夫唯不争，故天下莫能与之争。古之所谓曲则全者，岂虚言哉！诚全而归之。

〖第二十三章〗

希言自然。

故飘风不终朝，骤雨不终日。孰为此者？天地。天地尚不能久，而况于人乎？

故从事于道者，道者同于道，德者同于德，失者同于失。同于道者，道亦乐得之；同于德者，德亦乐得之；同于失者，失亦乐得之。

信不足焉，有不信焉。

〖第二十四章〗

企者不立，跨者不行，自见者不明，自是者不彰，自伐者无功，自矜者不长。

其在道也，曰余食赘行，物或恶之，故有道者不处。

〖第二十五章〗

有物混成，先天地生。寂兮寥兮，独立不改，周行而不殆，可以为天下母。吾不知其名，字之曰道，强为之名曰大。大曰逝，逝曰远，远曰反。

故道大，天大，地大，人亦大。域中有四大，而人居其一焉。

人法地，地法天，天法道，道法自然。

〖第二十六章〗

重为轻根，静为躁君。

是以君子终日行不离辎重。虽有荣观，燕处超然。奈何万乘之主，而以身轻天下？

轻则失根，躁则失君。

〖第二十七章〗

善行，无辙迹；善言，无瑕谪；善数，不用筹策；善闭，无关楗而不可开；善结，无绳约而不可解。

是以圣人常善救人，故无弃人；常善救物，故无弃物。是谓袭明。

故善人者，不善人之师；不善人者，善人之资。不贵其师，不爱其资，虽智大迷。是谓要妙。

〖第二十八章〗

知其雄，守其雌，为天下谿。为天下谿：常德不离，复归于婴儿。

知其白，守其黑，为天下式。为天下式：常德不忒，复归于无极。

知其荣，守其辱，为天下谷。为天下谷：常德乃足，复归于朴。

朴散则为器，圣人用之，则为官长，故大制不割。

〖第二十九章〗

将欲取天下而为之，吾见其不得已。天下神器，不可为也。为者败之，执者失之。

故物或行或随；或嘘或吹；或强或羸；或载或隳。

是以圣人去甚，去奢，去泰。

〖第三十章〗

以道佐人主者，不以兵强天下。其事好还。师之所处，荆棘生焉；大军之后，必有凶年。

善有果而已，不敢以取强。果而勿矜，果而勿伐，果而勿骄，果而不得已，果而勿强。

物壮则老，是谓不道。不道早已。

〖第三十一章〗

夫唯兵者不祥之器，物或恶之，故有道者不处。

君子居则贵左，用兵则贵右。兵者不祥之器，非君子之器，不得已而用之，恬淡为上。胜而不美。而美之者，是乐杀人。夫乐杀人者，则不可得志于天下矣。

吉事尚左，凶事尚右。偏将军居左，上将军居右，言以丧礼处之。

杀人之众，以悲哀涖之；战胜以丧礼处之。

〖第三十二章〗

道常无名，朴虽小，天下莫能臣也。侯王若能守之，万物将自宾。

天地相合，以降甘露，民莫之令而自均。

始制有名。名亦既有，夫亦将知止。知止可以不殆。

譬道之在天下，犹川谷之于江海。

〖第三十三章〗

知人者智，自知者明。

胜人者有力，自胜者强。

知足者富。

强行者有志。

不失其所者久。

死而不亡者寿。

〖第三十四章〗

大道氾兮，其可左右。万物恃之而生而不辞，功成不名有。衣养万物而不为主，常无欲可名于小；万物归焉而不为主，可名为大。以其终不自为大，故能成其大。

〖第三十五章〗

执大象，天下往。往而不害，安平泰。

乐与饵，过客止。道之出口，淡乎其无味，视之不足见，听之不足闻，用之不足既。

〖第三十六章〗

将欲歙之，必固张之；将欲弱之，必固强之；将欲废之，必固兴之；将欲取之，必固与之。是谓微明。柔弱胜刚强。鱼不可脱于渊，国之利器不可以示人。

〖第三十七章〗

道常无为而无不为。

侯王若能守之，万物将自化。化而欲作，吾将镇之以无名之朴。无名之朴，夫亦将不欲。不欲以静，天下将自定。

〖第三十八章〗

上德不德，是以有德；下德不失德，是以无德。

上德无为而无以为，下德为之而有以为；上仁为之而无以为，上义为之而有以为；上礼为之而莫之应，则攘臂而扔之。

故失道而后德，失德而后仁，失仁而后义，失义而后礼。

夫礼者，忠信之薄而乱之首。

前识者，道之华而愚之始。

是以，大丈夫处其厚，不居其薄；处其实，不居其华。故去彼取此。

〖第三十九章〗

昔之得一者，天得一以清，地得一以宁，神得一以灵，谷得一以盈，万物得一以生，侯王得一以为天下贞。其致之。

天无以清，将恐裂；地无以宁，将恐发；神无以灵，将恐歇；谷无以盈，将恐竭；万物无以生，将恐灭；侯王无以贵高，将恐蹶。

故贵以贱为本，高以下为基。是以侯王自称孤、寡、不穀。此非以贱为本邪？非乎？故致数舆无舆。不欲琭琭琭如玉，珞珞如石。

〖第四十章〗

反者道之动，弱者道之用。

天下万物生于有，有生于无。

〖第四十一章〗

上士闻道，勤而行之；中士闻道，若存若亡；下士闻道，大笑之。不笑不足以为道！

故建言有之：“明道若昧，进道若退，夷道若纇。上德若谷。大白若辱，广德若不足，建德若偷，质真若渝。大方无隅，大器晚成，大音希声，大象无形。”

道隐无名。夫唯道，善贷且成。

〖第四十二章〗

道生一，一生二，二生三，三生万物。万物负阴而抱阳，冲气以为和。

人之所恶，唯孤、寡、不穀。而王公以为称。故，物或损之而益，或益之而损。人之所教，我亦教之：“强梁者不得其死”，吾将以为教父。

〖第四十三章〗

天下之至柔，驰骋天下之至坚。无有入无间，吾是以知无为之有益。

不言之教，无为之益，天下希及之。

〖第四十四章〗

名与身孰亲？身与货孰多？得与亡孰病？

是故甚爱必大费，多藏必厚亡。

知足不辱，知止不殆，可以长久。

〖第四十五章〗

大成若缺，其用不弊。

大盈若冲，其用不穷。

大直若屈，大巧若拙，大辩若讷。

躁胜寒，静胜热。清静为天下正。

〖第四十六章〗

天下有道，却走马以粪。天下无道，戎马生于郊。

祸莫大于不知足，咎莫大于欲得。故知足之足，常足矣。

〖第四十七章〗

不出户，知天下；不闚牖，见天道。其出弥远，其知弥少。

是以圣人不行而知，不见而明，不为而成。

〖第四十八章〗

为学日益，为道日损。损之又损，以至于无为，无为而无不为。

取天下常以无事，及其有事，不足以取天下。

〖第四十九章〗

圣人无常心，以百姓心为心。

善者，吾善之；不善者，吾亦善之；德善。

信者，吾信之；不信者，吾亦信之；德信。

圣人在天下，歙歙为天下浑其心，百姓皆注其耳目，圣人皆孩之。

〖第五十章〗

出生入死。生之徒十有三；死之徒十有三；人之生，动之于死地，亦十有三。

夫何故？以其生生之厚。

盖闻善摄生者，陆行不遇兕虎，入军不被甲兵。兕无所投其角，虎无所措其爪，兵无所容其刃。

夫何故？以其无死地。

〖第五十一章〗

道生之，德畜之，物形之，势成之。是以万物莫不尊道而贵德。

道之尊，德之贵，夫莫之命而常自然。

故道生之，德畜之；长之育之，亭之毒之，养之覆之。

生而不有，为而不恃，长而不宰，是谓玄德。

〖第五十二章〗

天下有始，以为天下母。既得其母，以知其子。既知其子，复守其母，没身不殆。

塞其兑，闭其门，终身不勤。开其兑，济其事，终身不救。

见小曰明，守柔曰强。用其光，复归其明，无遗身殃，是为习常。

〖第五十三章〗

使我介然有知，行于大道，唯施是畏。

大道甚夷，而民好径。朝甚除，田甚芜，仓甚虚；服文采，带利剑，厌饮食，财货有余，是谓盗夸。非道也哉！

〖第五十四章〗

善建者不拔，善抱者不脱，子孙以祭祀不辍。

修之于身，其德乃真；修之于家，其德乃余；修之于乡，其德乃长；修之于国，其德乃丰；修之于天下，其德乃普。

故以身观身，以家观家，以乡观乡，以国观国，以天下观天下。吾何以知天下然哉？以此。

〖第五十五章〗

含德之厚，比于赤子。毒虫不螫，猛兽不据，攫鸟不搏。骨弱筋柔而握固。未知牝牡之合而峻作，精之至也。终日号而不嗄，和之至也。

知和曰常，知常曰明。益生曰祥，心使气曰强。物壮则老，谓之不道，不道早已。

〖第五十六章〗

知者不言，言者不知。

塞其兑，闭其门，挫其锐，解其纷，和其光，同其尘，是谓玄同。

故不可得而亲，不可得而疏，不可得而利，不可得而害，不可得而贵，不可得而贱。故为天下贵。

〖第五十七章〗

以正治国，以奇用兵，以无事取天下。

吾何以知其然哉？以此：天下多忌讳，而民弥贫；民多利器，国家滋昏；人多伎巧，奇物滋起；法令滋彰，盗贼多有。

故圣人云："我无为而民自化，我好静而民自正，我无事而民自富，我无欲而民自朴。"

〖第五十八章〗

其政闷闷，其民淳淳。其政察察，其民缺缺。

祸兮，福之所倚；福兮，祸之所伏。孰知其极？其无正。正复为奇，善复为妖。人之迷，其日固久。

是以圣人方而不割，廉而不刿，直而不肆，光而不燿。

〖第五十九章〗

治人事天莫若啬。

夫唯啬，是谓早服。早服谓之重积德，重积德则无不克，无不克则莫知其极，莫知其极，可以有国。有国之母，可以长久。是谓深根固柢，长生久视之道。

〖第六十章〗

治大国若烹小鲜。

以道蒞天下，其鬼不神。非其鬼不神，其神不伤人。非其神不伤人，圣人亦不伤人。夫两不相伤，故德交归焉。

〖第六十一章〗

大国者下流，天下之交，天下之牝。牝常以静胜牡，以静为下。

故大国以下小国，则取小国。小国以下大国，则取大国。故或下以取，或下而取。

大国不过欲兼畜人，小国不过欲入事人。夫两者各得所欲，大者宜为下。

〖第六十二章〗

道者，万物之奥。善人之宝，不善人之所保。

美言可以市尊，美行可以加人。人之不善，何弃之有？故立天子，置三公，虽有拱璧，以先驷马，不如坐进此道。

古之所以贵此道者何？不曰：以求得，有罪以免邪？故为天下贵。

〖第六十三章〗

为无为，事无事，味无味。

大小多少，报怨以德。图难于其易，为大于其细。

天下难事，必作于易，天下大事，必作于细。是以圣人终不为大，故能成其大。

夫轻诺必寡信，多易必多难。是以圣人犹难之，故终无难矣。

〖第六十四章〗

其安易持，其未兆易谋；其脆易泮，其微易散。为之于未有，治之于未乱。

合抱之木，生于毫末；九层之台，起于累土；千里之行，始于足下。

为者败之，执者失之。是以，圣人无为，故无败；无执，故无失。

民之从事，常于几成而败之。慎终如始，则无败事。

是以圣人欲不欲，不贵难得之货；学不学，复众人之所过，以辅万物之自然，而不敢为。

〖第六十五章〗

古之善为道者，非以明民，将以愚之。

民之难治，以其智多。

故以智治国，国之贼；不以智治国，国之福。

知此两者亦稽式。常知稽式，是谓玄德。玄德深矣，远矣，与物反矣。然后乃至大顺。

〖第六十六章〗

江海之所以能为百谷王者，以其善下之，故能为百谷王。

是以欲上民，必以言下之；欲先民，必以身后之。

是以圣人处上而民不重，处前而民不害。是以天下乐推而不厌。

以其不争，故天下莫能与之争。

〖第六十七章〗

天下皆谓我道大，似不肖。夫唯大，故似不肖。

若肖，久矣其细也夫！

我有三宝，持而保之。一曰慈，二曰俭，三曰不敢为天下先。

慈，故能勇；俭，故能广；不敢为天下先，故能成器长。今舍慈且勇，舍俭且广，舍后且先，死矣！夫慈，以战则胜，以守则固。天将救之，以慈卫之。

〖第六十八章〗

善为士者不武；善战者不怒；善胜敌者不与；善用人者为之下。

是谓不争之德，是谓用人之力，是谓配天，古之极。

〖第六十九章〗

用兵有言："吾不敢为主，而为客；不敢进寸，而退尺。"是谓行无行，攘无臂，扔无敌，执无兵。

祸莫大于轻敌，轻敌几丧吾宝。

故抗兵相加，哀者胜矣。

〖第七十章〗

吾言甚易知，甚易行。天下莫能知，莫能行！

言有宗，事有君。夫唯无知，是以不我知。

知我者希，则我者贵。是以圣人被褐怀玉。

〖第七十一章〗

知不知，上；不知知，病。

夫唯病病，是以不病。

圣人不病，以其病病，是以不病。

〖第七十二章〗

民不畏威，则大威至。

无狎其所居，无厌其所生。

夫唯不厌，是以不厌。

是以圣人自知不自见，自爱不自贵。故去彼取此。

〖第七十三章〗

勇于敢则杀，勇于不敢则活。此两者，或利或害。天之所恶，孰知其故？是以圣人犹难之。

天之道，不争而善胜，不言而善应，不召而自来，绰然而善谋。

天网恢恢，疏而不失。

〖第七十四章〗

民不畏死，奈何以死惧之？

若使民常畏死，而为奇者，吾得执而杀之，孰敢？

常有司杀者杀。夫代司杀者杀，是谓代大匠斲。

夫代大匠斲，希有不伤其手者矣。

〖**第七十五章**〗

民之饥，以其上食税之多，是以饥。

民之难治，以其上之有为，是以难治。

民之轻死，以其上求生之厚，是以轻死。

夫唯无以生为者，是贤于贵生。

〖**第七十六章**〗

人之生也柔弱，其死也坚强。

万物草木之生也柔脆，其死也枯槁。

故坚强者死之徒，柔弱者生之徒。

是以兵强则灭，木强则折。

坚强处下，柔弱处上。

〖**第七十七章**〗

天之道，其犹张弓欤？高者抑之，下者举之；有余者损之，不足者补之。

天之道，损有余而补不足。人之道则不然，损不足以奉有余。

孰能有余以奉天下？唯有道者。

是以圣人为而不恃，功成而不处，其不欲见贤。

〖**第七十八章**〗

天下莫柔弱于水，而攻坚强者莫之能胜，其无以易之。

弱之胜强，柔之胜刚，天下莫不知，莫能行。

是以圣人云："受国之垢，是谓社稷主；受国不祥，是为天下王。"

正言若反。

〖第七十九章〗

和大怨，必有余怨，安可以为善?

是以圣人执左契，而不责于人。有德司契，无德司徹。

天道无亲，常与善人。

〖第八十章〗

小国寡民。使有什伯之器而不用；使民重死而不远徙；虽有舟舆，无所乘之；虽有甲兵，无所陈之。使民复结绳而用之。

甘其食，美其服，安其居，乐其俗。邻国相望，鸡犬之声相闻，民至老死不相往来。

〖第八十一章〗

信言不美，美言不信。

善者不辩，辩者不善。

知者不博，博者不知。

圣人不积，既以为人己愈有，既以与人己愈多。

天之道，利而不害。圣人之道，为而不争。

附录二

《老子》章句收录本书索引

第一章： 全文见《一、道法自然》（第 006 页），部分见《三、有生于无》（第 042 页）。

第二章： 全文见《三、有生于无》（第 046 页），部分见《五、无为而治》（第 074 页）、《六、正言若反》（第 108 页）、《十二、不言之教》（第 202 页）、《十三、功成身退》（第 222 页）。

第三章： 全文见《五、无为而治》（第 062 页），部分见《八、柔弱处上》（第 150 页）、《二十、为而不争》（第 336 页）。

第四章： 全文见《一、道法自然》（第 008 页）。

第五章： 全文见《四、天地相合》（第 052 页），部分见《十二、不言之教》（第 208 页）。

第六章： 全文见《四、天地相合》（第 054 页）。

第七章： 全文见《四、天地相合》（第 056 页）。

第八章： 全文见《十四、上善若水》（第 228 页），部分见《二十、为而不争》（第 338 页）。

第二十二章：全文见《二十、为而不争》（第340页），部分见《六、正言若反》（第092页）。

第二十三章：全文见《一、道法自然》（第016页），部分见《四、天地相合》（第058页）

第二十四章：全文见《九、知常曰明》（第166页）。

第二十五章：全文见《一、道法自然》（第002页），部分见《二、大道氾兮》（第030页）、《十九、天道无亲》（第326页）。

第二十六章：全文见《七、清静为正》（第120页）。

第二十七章：全文见《九、知常曰明》（第160页）。

第二十八章：全文见《十、见素抱朴》（第174页）、《十五、上德若谷》（第262页）。

第二十九章：全文见《十七、天下神器》（第284页），部分见《五、无为而治》（第064页）。

第三十章：全文见《二、大道氾兮》（第034页）。

第三十一章：全文见《十七、天下神器》（第294页）。

第三十二章：全文见《四、天地相合》（第050页），部分见《十、见素抱朴》（第176页）、《十一、知止不殆》（第190页）、《十四、上善若水》（第236页）。

第三十三章：全文见《九、知常曰明》（第158页）、

（第234页）。

第四十四章：全文见《十一、知止不殆》（第186页）。

第四十五章：全文见《七、清静为正》（第116页），部分见《六、正言若反》（第112页）。

第四十六章：全文见《十一、知止不殆》（第188页）。

第四十七章：全文见《十九、天道无亲》（第322页），部分见《五、无为而治》（第082页）。

第四十八章：全文见《五、无为而治》（第070页），部分见《十七、天下神器》（第296页）。

第四十九章：全文见《十八、爱民治国》（第314页），部分见《十五、上德若谷》（第260页）、《十七、天下神器》（第298页）。

第五十章：全文见《八、柔弱处上》（第138页）。

第五十一章：全文见《一、道法自然》（第018页）。

第五十二章：全文《八、柔弱处上》（第140页），部分见《九、知常曰明》（第164页）、《十一、知止不殆》（第192页）。

第五十三章：全文见《二、大道汜兮》（第028页）。

第五十四章：全文见《十五、上德若谷》（第242页），部分见《十七、天下神器》（第300页）。

部分见《五、无为而治》（第 076 页）、《六、正言若反》（第 106 页）。

第六十五章：全文见《十五、上德若谷》（第 248 页）。

第六十六章：全文见《十四、上善若水》（第 230 页）；部分见《二十、为而不争》（第 346 页）。

第六十七章：全文见《十七、天下神器》（第 290 页），部分见《二、大道氾兮》（第 036 页）。

第六十八章：全文见《十五、上德若谷》（第 250 页），部分见《二十、为而不争》（第 344 页）。

第六十九章：全文见《十六、小国寡民》（第 280 页）。

第七十章：全文见《十七、天下神器》（第 292 页）。

第七十一章：全文见《九、知常曰明》（第 162 页）。

第七十二章：全文见《十八、爱民治国》（第 312 页），部分见《九、知常曰明》（第 168 页）。

第七十三章：全文见《十二、不言之教》（第 204 页），部分见《十九、天道无亲》（第 328 页）、《二十、为而不争》（第 342 页）。

第七十四章：全文见《十八、爱民治国》（第 308 页）。

第七十五章：全文见《十八、爱民治国》（第

附录三

本书收录《老子》章句索引

一、道法自然：第一、四、十七、二十一、二十三、二十五、四十二、五十一、六十二、六十四等10章全文。

二、大道氾兮：第十四、十八、三十、三十四、五十三等5章全文；第二十五、六十七等2章部分。

三、有生于无：第二、十一、四十章等3章全文；第一章部分。

四、天地相合：第五、六、七、三十二章等4章全文；第二十三章部分。

五、无为而治：第三、三十七、三十八、四十八、六十三等5章全文；第二、十、二十九、四十三、四十七、五十七、六十四等7章部分。

六、正言若反：第十二、二十、三十九、五十八、七十八章等5章全文；第二、二十二、三十六、四十一、四十二、四十五、六十三、六十四等8章部分。

七、清静为正：第十五、二十六、四十五等3章全文；第十六（2次）、三十七、五十七、六十一等5章部分。

八、柔弱处上：第三十六、五十、五十二、七十六等4章全文；第三、十、四十三、五十五、七十八等5章部分。

九、知常曰明：第十六、二十四、二十七、三十三、五十五、七十一等6章全文；第五十二、七十二等2章部分。

十、见素抱朴：第十九、二十八等2章全文；第十五、三十二、三十七、五十七等4章部分。

十一、知止不殆：第三十三、四十四、四十六等3章全文；第十六、三十二、五十二等3章部分。

十二、不言之教：第四十三、五十六、七十三等3章全文；第二、五、十七、八十一等4章部分。

十三、功成身退：第九、七十七等2章全文；第二、十七、三十四等3章部分。

十四、上善若水：第八、六十六等2章全文；第三十二、四十三、七十八等3章部分。

十五、上德若谷：第二十八、四十一、五十四、五十九、六十、六十五、六十八等7章全文；

第二十一、三十八、四十九、五十五、六十三、七十九等6章部分。

十六、小国寡民：第五十七、六十一、六十九、八十等4章全文；第三十六、六十、七十八等3章部分。

十七、天下神器：第十三、二十九、三十一、三十五、六十七、七十等6章全文；第四十八、四十九、五十四、五十七等4章部分。

十八、爱民治国：第十、四十九、七十二、七十四、七十五等5章全文；第五十八章部分。

十九、天道无亲：第九、四十七、七十七、七十九等4章全文；第二十五、七十三等2 章部分。

二十、为而不争：第二十二、八十一等2章全文；第三、八、六十六、六十八、七十三等5章部分。

后记

值此《老子类编简本》脱稿之际，恰逢我过“米寿”，不由得联想甚多。

中国人做寿，讲究逢五逢十。近些年来，知识界时兴“米寿”，则出于对冯友兰、金岳霖两位哲学家之间一段佳话的欣赏。1983年，同庚的两位老先生在做“米寿”时，冯友兰写了两副对联。一副给自己：“何止于米，相期以茶；胸怀四化，意寄三松。”前两句是说，不能止步于“米寿”（88岁。“米”，由三字组成，合起来为八十八），要互相鼓励，期待活到“茶寿”（108岁。“茶”，“廿”字头，即二十，再加下面的八十八，合为一百〇八）；后两句表示要为实现国家四个现代化而努力，学习松树的风格。给金岳霖的一副是：“何止于米，相期以茶；论高白马，道超青牛。”前两句相同，后两句是对金岳霖逻辑学成就的赞叹，论辩比公孙龙“白马非马”学说更高，论道超过骑青牛过函谷关著《道德经》的老子。尽管他们都没有活到108岁，我更无法与他们高超的学养和境界相比，但我和年龄相仿的老同学、老同事、老朋友，常以此互勉、自勉。

老子说“自知者明”“自胜者强”，含义极为丰富而深刻。对国家，对企业，对学校，对个人，都具有十分重要的现实价值。随着年龄增长，我越来越感到，需要多与青年接触。耄耋之年，多次往返曾经学习工作近23年的母校，一方面为能与年轻的同学们、校友们谈一些读书心得、人生体验而感到高兴，另一方面，更从他们身上学习到许多新鲜事物，特别是汲取蓬勃朝气与青春活力。

当我向大连理工大学出版社总编辑房志明及审读室主任曹阳，谈到这本口袋书的设想时，他们立即表示大力支持，并提出很好的建议。在此谨向出版社领导和曹阳、邵青两位责任编辑，以及所有对本书面世给予鼓励、帮助的女士们先生们，表示诚挚的谢意。

鲁谆

2019年元旦